永久保存版

# 日本一のまかないレシピ

野地秩嘉=著

プレジデント社

# 日本一のまかないレシピ

CONTENTS

## Part.5

### 技あり！ ガツンと旨いカレー



## Part.6

### 至福の炒飯、ピラフ、オムライス…



## Part.7

### パスタ、焼きそば…麺の傑作選



## Part.8

### 何度も繰り返してつくりたい厳選レシピ



KIRIN Table of Dreams 夢の食卓

本書は、BSフジ「夢の食卓」のFacebook連載（www.facebook.com/tableofdreams）と、dancyuに連載された「野地秩嘉のまかないランデブー」をまとめました。「夢の食卓」の放送時間は毎週土曜22：30～23：00（再放送は翌週土曜9：30～10：00）。掲載された料理の値段は取材当時のものです。

## ❖はじめに

まかないは飲食店や、旅館、ホテルなどで働くプロの料理人が食べる料理だ。

特徴はいくつかある。

一、プロがプロのためにつくる料理だから、まずいものではない。まかないはおいしい。

二、客に出すものではないから高価な材料は使わない。余った食材、客には出せない部分を工夫して料理するのが主流である。たとえば、牛肉ならすじの部分や端っこを使う。ねぎなら青いところで、マグロであれば尾の身などを活用する。

三、手早く調理する。料理人は忙しい。自分たちの食事に時間をかけてはいられない。手間のかかる料理はつくらない。簡単なレシピでおいしいものをつくる。

つまり、まかないとは安い材料で、早くできて、しかもおいしい料理を言う。

この企画はBSテレビの番組「夢の食卓」から生まれたもので、2年以上もフェイスブックのページで連載している。その後、月刊誌dancyuでも「まかないランデブー」として掲載されるようになった。どちらのメディアでも反響が大きく、特にフェイスブック上では6000以上の「いいね！」が記録されている。

私は当初、「早い、安い、うまい」から、まかないレシピが人気を得たのだと勘違いをしていた。そうではなかった。読んだ人たちの大半は冷蔵庫の中に手をつけていない食材を抱えているのだ。そして、このレシピを見て、「なるほど、こうやって料理すれば、おいしく食べられるのだ」と百万の味方を得た気分になったのだろう。

確かに、まかない料理は余った材料を使う。そして、調味料だって、最小限しか使わない。料理の手順もシンプルだから、素人だってすぐに再現できる。それもあって、みんな、この連載記事を読んでいたのである。

まかないには料理人たちの知恵が詰まっている。彼らの知恵がハムの切れっ端、冷凍庫の隅にある油揚げ、しなびた大根、白菜の外側の葉っぱを黄金の味に変えた。この本には毎日、額に汗して働き、一円でも材料費を惜しむ料理人の知恵と気持ちに対する尊敬の念が詰まっている。

さて、最後にひと言。ここにあるものはいずれも従業員が食べるためのものだ。店の正規メニューに昇格したものを除くと、客には出していない料理である。だから……。

「おい、オレにもまかないを食わせろ」などと言ってはいけない。客は客らしくて振る舞ってこそ客だ。人の食べ物を無理やり奪い取るようなことはよそう。

連載中、「レシピの分量が多すぎる」と指摘をいただいた。確かに、一人前にしては多いかもしれない。しかし、料理は肉体労働だ。朝から夜まで立ちっぱなしで働いているから腹が減っている。私たちにとっては多くても、彼らには朝飯前の量なのである。

野地秩嘉

## Part.1

# 余った野菜がごちそうに

# 野菜チャンプル

◉琉球チャイニーズ TAMA
（沖縄&中国料理／東京・青山）

［材料4人分］
- ベーコン……50g
- 豆腐……50g
- トマト……50g
- キャベツ……20g
- 豆もやし……20g
- にんにくの芽……20g
- 塩、胡椒油、砂糖、醤油……各少々

※いずれも野菜の量が少ないのは、それしか余っていなかったから。ベーコンに塩味があるから、調味は控えめに。

［つくり方］

1 豆腐は水きりをしておく。ベーコン、トマト、キャベツは一口大に切る。にんにくの芽は長さ3cmに切る。
2 フライパンでベーコンを中火でカリッとするまで炒める。
3 豆腐を加え、焼き色がつくまで炒める。
4 にんにくの芽を加えてひと炒めする。
5 ほかの野菜を入れて炒めて調味料で味を調え、火が通ったら出来上がり。

## まかないは残った野菜をたっぷり使ってとにかく手早く

琉球チャイニーズTAMAは、東京・渋谷の青山学院近くにある。年中無休で、午前3時までの営業。主人の玉代勢《たまよせ》文廣をはじめとする従業員5名は夕方にまかないを食べるだけで、あとは朝まで立ちっぱなしで働く。

しかも全員、食べるスピードが速い。残った野菜のチャンプルとスパム卵丼というまかないを3分もかからずに食べ終わった。「いただきまーす」と言って、スプーンを持ち、丼のなかに突っ込んだかと思ったら、瞬間で終わっていた。これで、お腹は持つのか。

玉代勢は言う。

「私は週の半分はシェフで、残り

さらにもうひと品

## スパム卵丼

［材料４人分］

- スパム……180ｇ（缶詰の半量）
- 長ねぎ……20ｇ
- きくらげ……20ｇ
- にんじん……15ｇ
- 卵……4個
- 玄米ご飯……丼4杯
- 砂糖、醤油、胡麻油……各少々
- 万能ねぎ……適量

［つくり方］

1 フライパンに胡麻油をひき、中火で1㎝幅に切ったスパムをカリッとするまで炒める。

2 厚さ1㎝に斜め切りした長ねぎを加え、炒める。

3 一口大に切ったきくらげ、にんじんを加え、さらに炒め、調味料で味を調える。

4 最後に溶き卵でとじて、玄米ご飯の上にのせ、小口切りにした万能ねぎを散らして出来上がり。

※スパムを使うときは焦げ目がつくくらいまで焼いたほうが香ばしくなる。また、スパム自体に塩分が入っているから、ほかの材料に塩はしなくてもOK（スーシェフの畑中和明）。

の半分は店内でサービスをしています。毎日、おかげさまで満員です。お腹が空いたなんて、考えている時間がない。朝まで乗り切ることだけを考えて生きています」

彼の父親は華僑で、母親は沖縄の人。だから、TAMAは琉球チャイニーズと銘打っている。また、沖縄料理でも、TAMAが出すのは沖縄本島の味ではない。石垣島の隣にある人口200人余の小さな島、黒島の味である。ちなみに、黒島は和牛の畜産と観光の島で、飼っている牛の数は3000頭を超える。住んでいる人よりも牛の方が多い島だ。

「私が黒島にいたのはほんとに小さな頃だけです。すぐに東京に出てきましたから。けれども時々、島の味が忘れられなくて、店でこしらえています。方言で『きらまんぎん』というのがあります。こちらでいう、切り麦。うどんのようなものですね。これを焼うどんにして食べたりする。うちの店でチャーハンもメニューにありますが、使っているのは玄米。まかないでも玄米を食べています。僕も以前は『玄米はまずい』と思い込んでいたのですが、高知県の山中さんという方がつくったミルキークイーンの玄米がおいしいので、それを食べるようになりました」

玉代勢は沖縄料理、そして、まかないについて、次のように考えている。

「沖縄料理の特徴は家庭料理を店で出しているということ。フランス料理店で出している料理は飲食店ならではのものです。それに比べると、どんな沖縄料理の店へ行っても、出てくるのはチャンプルなどの家庭料理なんです。ですから、うちでは気取らないおいしさを追求しています。まかないは余った食材を使って手早くつくる。だから、手の込んだ料理はしません。簡単でレシピなんてありません。立ち食いで済ませることもある。でも、それでは体によくないから、せめて自宅に帰ったら、ゆっくりとご飯を食べるようにしています」

琉球チャイニーズ TAMA
東京都渋谷区渋谷2-3-2
TEL03-3486-5577
沖縄料理と中華料理を融合させ、店内はいつも活気があふれている。

# キャベツ納豆

◉青華こばやし（日本料理／東京・六本木）

［材料1人分］

- 納豆……1パック
- キャベツ……適宜
- 卵……1個

［つくり方］

**1** キャベツをせん切りにする

**2** 納豆はボウルか器に入れ、たれやからしを入れずに300回以上、力まかせにかき混ぜる。小林は納豆の豆が粉砕されるくらい強くかき混ぜていた。納豆をよく混ぜるところがこの料理のポイント。

**3** 腕がしびれるくらい納豆をかき混ぜたら、せん切りキャベツ、卵を加えて混ぜる。たれやからしは好みで。

※温かいご飯の上にのせて食べる。

## 次の日のことも考えながらその日のまかないを決めています

2009年開店の日本料理の店、青華こばやし。35歳の小林雄二が一人で料理をつくり、サービスしている。たった一人で奮闘していることも加味されたのか、日本版ミシュランでは一つ星を取った。

彼は日ごろ、午後2時と店が終わった後の午後11時にまかないを食べる。つくるのも一人、食べるのも一人。嫁がまだいないので、非常に寂しい。寂しいけれど、寂しさ、苦しさに負けずに、スタミナのつくまかないを食べている。

小林に言わせれば、まかない料理にはいくつかの特徴がある。

一、凝った料理ではないこと。ま

かないは簡単なレシピでなくてはならない。
二、材料代が安いこと。昔は「酒と味醂はまかないには使うな」と言われた。どちらも調味料としては高価だったから、使ってはいけないとされていたのである。
三、残り物を活用する。今回の一品〝キャベツ納豆〟も残り物のレタスでやってみたことがある。レタスはすぐにしんなりしてしまうので、まずいわけではないが、やや歯ごたえに欠けるとのことだ。
四、まかないは次の日のことも考えてつくる。
たとえば、じゃがいも、にんじん、玉ねぎしか材料がない場合、初日のまかないは残った肉を入れたポトフにする。しかも大量につくっておく。

2日目は残ったポトフに鶏肉を加えてクリームシチューにする。ルウは市販のもの。

3日目は残ったポトフに牛肉もしくは豚肉を入れてシチューにする。そうして、4日目はカレー粉だけを混ぜて、カレーにして食べる、といった具合に……。

まかないの一つ、キャベツ納豆は、レシピなんて言葉もいらないくらい簡単な料理だ。

材料は納豆、卵、キャベツのせん切りだけ。

小林氏がなぜ、これを始めたのかは、銀座の割烹で修業していた頃、「冷蔵庫にキャベツ、納豆、卵が残っていたから」だと言う。先輩たちのまかないをつくる当番だった彼は焼き魚とキャベツ納豆を出してみたところ大好評で、以後、まかないと言えば、これを食べている。

彼が調理場でまかないをつくっていて感じるのは「お母さんの偉大さ」だと言う。

「家庭のお母さんは毎日、料理をつくって食べさせるわけでしょう。しかも、限られた予算で手早く、おいしいものをつくらなきゃならない。それを考えたら、まかない料理の苦労なんて、たかが知れています。お母さんの料理に比べたら、全然難しくありません」

つまり、まかないレシピは家庭料理に通じるのである。

青華こばやし
東京都港区六本木7-10-30 清水ビル1階
TEL03-6459-2210
丁寧な仕事で供される季節の料理を中心に、昼夜ともおまかせのコースを楽しめる。完全予約制。

さらにもうひと品

## 牡蠣焼きそば

［材料1人分］
- 焼きそば……1玉
- 生牡蠣（むき身）……5、6個
- キャベツ……20g
- にんじん……20g
- ピーマン……20g
- もやし……20g
- ぶなしめじ……½パック
- サラダ油……適量
- 塩、胡椒……各適宜

［つくり方］
1 キャベツ、ピーマンは適当な大きさに切り、にんじんは薄い半月切りにする。ぶなしめじはほぐしておく。
2 フライパンにサラダ油をひいて中火で熱し、牡蠣をサッと炒める。
3 野菜を加えて炒め、しんなりしてきたら麺を加える。
4 塩、胡椒で味を調えながら、炒め合わせて完成。
※今回はキャベツ、もやし、にんじん、ピーマン、ぶなしめじを使ったが、残った野菜、何でも使える。

# 丸大根の皮の柚子風味漬け

●季節料理　安兵衛（日本料理／京都・河原町通荒神口）

［材料2〜3人分］
- 丸大根……1個
- だし汁……適量
- 塩……少々
- 昆布茶……少々
- 柚子（皮）……少々

［つくり方］

1 丸大根はよく洗い、葉っぱは1㎝幅に刻む。皮は厚めにかつらむきにして、拍子木切りにする。葉は細く刻んでおく。

2 大根の皮は、下ゆでした後だしで煮ていく。

3 刻んだ葉っぱと皮は青臭さを取るために塩をして10分ほど置く。その後、手でもんで水分を出し、よく絞る。

4 3の皮と葉っぱは昆布茶をふりかけてもう一度、手でもむ。味をなじませるのと、水分を出すため。出来上がりに柚子の皮を添える。

## 丸大根の皮やふきの葉っぱを漬けたり、炊いたり。ご飯が進む、進む

安兵衛という名前の店は居酒屋に多い。忠臣蔵に描かれる堀部安兵衛は大酒飲みのキャラクターだから、居酒屋を始める主人は大酒飲みの客が常連になることを祈って名前を拝借するのだろう。

河原町通り、荒神口にある安兵衛は居酒屋ではない。純然たる和食の店で、酒よりも料理が看板だ。元々は天ぷら屋だったため、カウンター席の前には揚げたての天ぷらをのせておく台が今も残っている。しかし、内装費はなくとも材料費は惜しまないのが主人、岡本憲昌の心意気である。極上の鱧、穴子、フグを仕入れ、リーズナブ

さらに もうひと品

## ふきの葉とじゃこの炊いたん

［材料2～3人分］

- ふきの葉……適量
- じゃこ……適量
- だし汁……適量
- 酒……大さじ3
- 味醂……大さじ3
- 淡口醤油……大さじ3

［つくり方］

1 ふきの葉っぱはさっとゆがいて水気を搾り、細かく刻む。
2 鍋にだし汁を張った後、酒、味醂、醤油を入れ、じゃこを加える
3 中火にかけて、酒のアルコール分がとんだら、ふきの葉っぱを加える
4 水分がなくなって、からからになるまで炊く。味醂の糖分と醤油が焦げる手前まで熱する。

ルな値段で客に出す。堀部安兵衛のような、あっぱれな男である。岡本は無精ひげが伸びていて、やるせない雰囲気ではあるが、心の中は燃えている。

　まかないを食べるのは午後3時頃と仕事が終わった深夜だ。昼のまかないはおかずとご飯だけれど、夜は酒、そして、つまみである。夜、小腹がすくとマヨネーズ雑炊のような面妖な料理をつくって食べることがある。

「マヨネーズ雑炊は簡単です。安もんのハム、くず野菜をだしの中に入れて、ご飯を加えるだけ。沸いてきたら、塩少々とマヨネーズをブチュッと入れる。そうですな。卵雑炊をクリーミーにしたものと思えば当たらずといえども遠からずやな」

　また、淀大根、聖護院大根のような丸形の大根の皮を使う即席の漬物をよく漬けるが、これがピリッと辛くておいしい。

　丸大根は、主に葉っぱに近い皮の部分を厚めにかつらむきした後、拍子木切りにする。大根自体は下ゆでした後、だしで煮付けて客に出す。

「大根は下ゆでするけれど、かぶはしません。大根は酵素があるから下ゆでしないと臭くなるが、かぶはそういうことはありません」

　食べるときには好みで、醤油や一味唐辛子をかける。炊きたてのご飯にはぴったりの漬物だ。

　さらに、ふきじゃこは、ふきの葉っぱとじゃこを炊いたもの。「まかないだけでなく、うちでは時々、焼き魚のあしらいにも使います。ご飯の上にかけて、お茶漬けにしてもいいし、おにぎりにしてもいい。松の実を入れると、上品な味になりますな。まかない料理をつくっているとアイデアが浮かんできて勉強になるんですわ」

　岡本の言う通り、まかないを考えることは料理の勉強に通じる。しかしマヨネーズ雑炊だけは勉強にはならない。料理人の皆さんは真似をしないように。素人の皆さんはどんどん真似して、マヨネーズをブチュッとやってください。

季節料理 安兵衛
京都府京都市上京区河原町通荒神口下ル東側
TEL075-222-0584
1983年から店を構える。おまかせ料理8000円～。

# 赤いポテトサラダ

●ビストロ イバイア（ビストロ／東京・東銀座）

［材料2人分］

- じゃがいも（種類は問わない）……2個
- きゅうり……½本
- ハム（またはゆでた豚肉）……1枚
- マヨネーズ……大さじ3
- マスタード……大さじ1
- パプリカパウダー（甘口）……小さじ1

［つくり方］

1 じゃがいもを皮付きのまま蒸す。
2 串を刺して柔らかくなっていたら火からおろして皮をむく。
3 じゃがいもにスライスしたきゅうり、細かく切ったハムを混ぜ、マヨネーズ、マスタードを加える。
4 パプリカパウダーをふって、混ぜる。

## まかないも<br>ほとんど野菜。<br>ボリュームは<br>いつもたっぷり

東　銀座のビストロ イバイアは2013年の7月にオープンした。営業はディナータイムだけ。店主と料理長は銀座のフランス料理店マルディグラで働いていた二人である。

店の特徴はメニューの片隅に書いてあった。

「埼玉県杉戸町の菜園で収穫されたフレッシュな野菜を使用しております。1998年より私と家族が全工程を手作業で行っているとれたて健康野菜です」（野菜づくり歴15年　店主　兼安聡子）

「全ての料理をご注文いただいてから準備を始めます。特に肉料理はゆっくりと火入れするほどおい

しく肉汁たっぷり、柔らかく仕上がります。揚げ物と、肉料理、内臓料理が得意です」（肉焼き歴12年　料理長　深味雄二）

つまり、とれたて健康野菜とこってりした肉料理が合体した、バランスのいい料理内容を持った店だ。

二人で食べるまかないは午後3時。ものすごいボリュームである。ただし、中身のほとんどは野菜。店主は「なにしろ、たくさん野菜がとれるので食べなくちゃ」と言っている。

「両親が百坪もある菜園で毎日働き、30種類以上の野菜をつくっています。私も休みの日は手伝っています。もちろん無農薬です。じゃがいも、にんじん、ピーマン、かぼちゃ、しし唐、茄子、苦瓜、ルッコラ、金時草、にんにく、生姜……。収穫の大半が店に来るので、食べなくては腐ってしまう。店の料理にも出していますけれど、それでも余ってしまうんです」

まかないはほとんど野菜ばかりのメニューである。どう調理しているかと言えば麺類と一緒に食べるケースが多い。内容を考えて調理するのはシェフの深味だ。

「私は山梨県石和温泉の出身です。ほうとうという郷土料理があるんです。冬場に食べるもので、かぼちゃなどの野菜とほうとうの麺を煮込んだものです。体が温まります。夏は煮込み麺はちょっと……冷たい麺料理のほうがいい。ですから、〝おざら〟にします。野菜を入れたつけ汁に冷やした麺をつけて食べる郷土料理です。麺はほうとうの麺でなくともいい。うどん、素麺でいいんです。私はつけ汁に金時草、モロヘイヤ、オクラなどのねばねばする野菜を混ぜ込んで食べます。そうすると、スタミナがついて疲れが取れる。風邪もひきませんし、お通じもよくなります」

体の弱い人、風邪っぴきの人は、イバイアで下働きをするといいかもしれない。まかないで大量の野菜を食べさせられるから、必ず健康体になるだろう。

ビストロ イバイア
東京都中央区銀座3-12-5
TEL03-6264-2380
東京・東銀座に2013年オープンしたフレンチビストロ。

さらに
もうひと品

## おざら

［材料4人分］

- ほうとうの麺（うどん、素麺でも）……400g
- 麺つゆ（市販のもの）……280g

〈麺つゆに入れる野菜〉

- 金時草、モロヘイヤ、オクラ……各適量

〈つけ汁につけて食べる野菜〉

- ピーマン……2個
- 茄子……2個
- ルッコラの茎……適量
- オクラ……2本
- トマト……1個
- しし唐……6本
- 醤油、胡麻油……各適量
- サラダ油……適量

［つくり方］

1 ほうとうの麺をゆでて、水で締める。ザルに上げておく。
2 ピーマン、茄子、ルッコラの茎、オクラは一口大に切ってからゆでて、醤油と胡麻油で和える。和風のナムルだ。
3 トマトは生のままさいの目に切っておく。
4 しし唐はサラダ油をひき中火で炒める。つけ汁につけて食べるので、味つけはしないこと。
5 麺つゆ用の金時草、モロヘイヤ、オクラはゆでてから叩いて、つけ汁に混ぜる。

# じゃがいものピューレ

●ラ・ファソン古賀（フランス料理／東京・代々木上原）

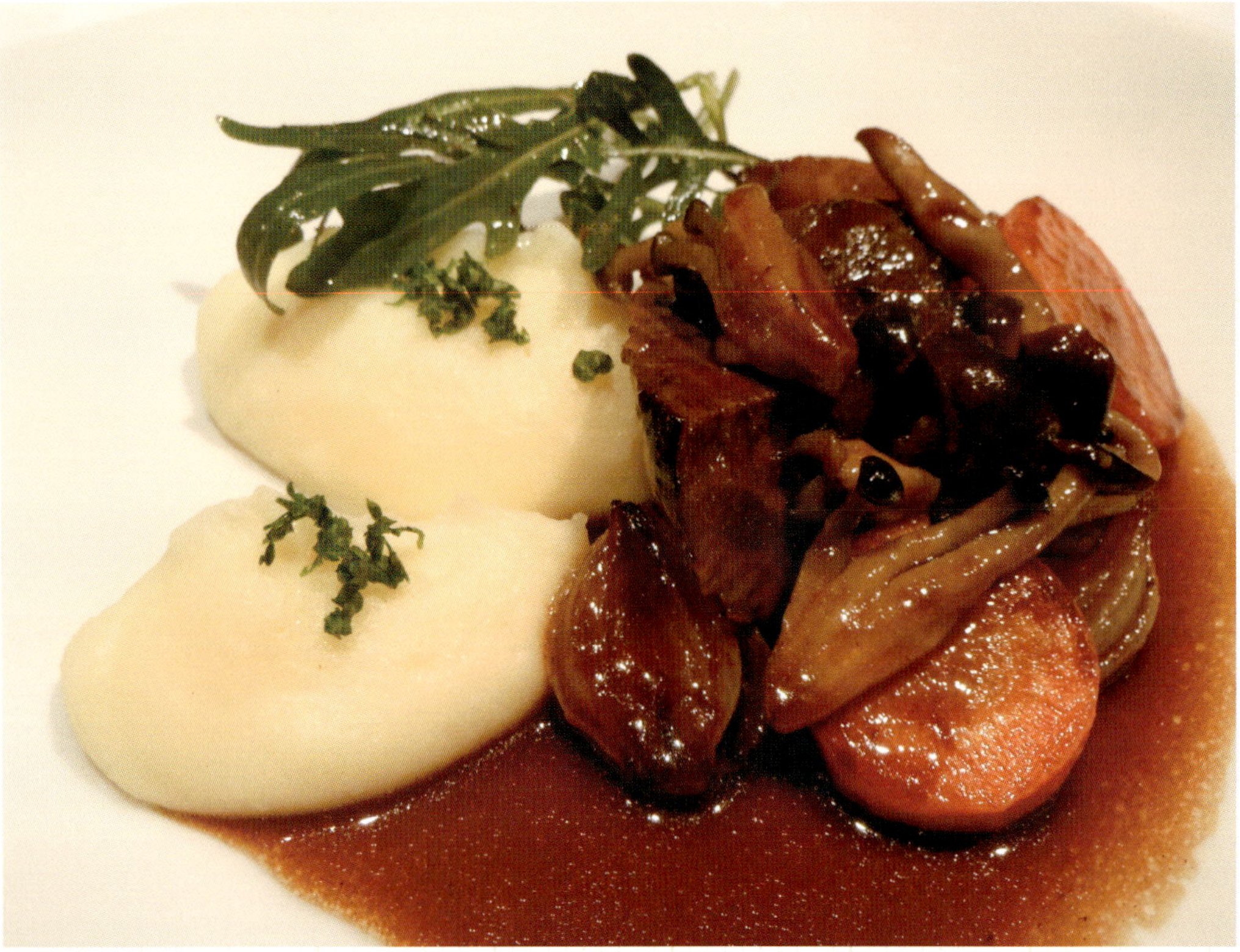

［材料2〜3人分］

- ●じゃがいも（メークイン）……4個
- ●牛乳……200mℓ
- ●バター……15g
- ●塩……適量
- ●胡椒……適量

［つくり方］

**1** 皮付きのじゃがいもを鍋で水からゆでる。柔らかくなったら、湯をきる。水分が残っていると、出来上がりが水っぽくなる。

**2** 鍋に牛乳を沸かし、バターを溶かす。牛乳は沸騰しない程度に温める。

**3** じゃがいもは熱いうちに皮をむき、裏漉しする。「熱いうちに」が大事である。火傷を恐れず、じゃがいもの皮をむこう。

**4** 裏漉ししたじゃがいもに牛乳とバターを混ぜたものを加えながらのばしていく。ヘラでかき混ぜながら塩、胡椒で味を調えるのだが、こねると粘りが出て餅のようになってしまうので手早く混ぜる。

## たくさん食べた<br>まかないの中で<br>忘れられないのは<br>じゃがいものピューレ

ラ・ファソン古賀は2013年に移転したフランス料理店。もともと、渋谷の大山町で長らく、コム・シェ・ヴという店を構えていたオーナーシェフ、古賀義英の新しい店だ。私はコム・シェ・ヴの頃に、まかないを取材したが、そこには彼の今までの経験が色濃く反映されていた。

　コム・シェ・ヴ時代、スタッフが食事をするのは午前9時30分と午後5時の2回。

　古賀は調理師学校を出て、ドゥ・ロアンヌ、シェ・イノと斯界の重鎮、井上旭の下で料理を学び、渡仏。ミシュラン三つ星の2店トロワグロとコートドールで修業した。

「私自身はまかないをつくった回数は少ないと思います。ただ、トロワグロにいた頃は定期的に担当していました」

　トロワグロはロワール地方のロアンヌにあり、ホテルを併設している。

「昼、夜ともに120人くらいの客を迎える大きな規模のレストランですから、スタッフも30人くらいいるんです。トロワグロでは料理長をはじめ、みんなが食べるものをつくるわけですから緊張します。ただし、まかないだけのためにかなりの予算が認められ、材料を仕入れて、時間をかけて料理する。むろん、余った食材や残り物、野菜のくずも使います。たくさん食べたまかないの中で、忘れられないのは、じゃがいものピューレです」

　じゃがいものピューレ（ポンム・ピュレ）はフランス料理の付け合わせとしては定番だ。トロワグロではさまざまな料理に使ったじゃがいもの切れ端を1週間分ためて、それをまかないに使っていた。

「じゃがいもは冷蔵庫の中で水につけて置いておく。メークインの小ぶりなもので、日本のものよりも味が濃い。それをピューレにするんですが、1週間も前のじゃがいもで、しかも切れ端なのに、飛び上がるほどおいしいんですよ。トロワグロのまかないでは間違いなく一番人気でした。今、うちでも、まかないを食べる時、ポンム・ピュレをつくります。牛のすじ肉を煮込んだものをかけたり、そのままで食べてもいい。ボリュームがあるから、パンを食べなくとも済むんです」

　景気がなかなか上向かない中、飲食店はどこも軒並み客が減っている状況だが、古賀は少しも安心していない。

「フレンチレストランは敷居が高いと思っている人が多いのでしょう。私はフランス料理が得意でない人にも、来店してもらえるようにしています。コース料理の後にカレーやリゾットを出すのも、日本人にとって、ご飯はとっつきやすいものだから。ただ、ご飯は出すけれどパスタはやりません。うちはあくまでも正統派のフレンチレストランだと思っています」

ラ・ファソン古賀
東京都渋谷区上原1-32-5
ロイヤルテラス1階
TEL03-5452-8033
2013年に代々木上原にオープン。ランチは1900円〜、ディナーは6500円〜。

さらに
もうひと品

## 牡蠣と根菜のリゾット

［材料2〜3人分］

- 米……150ｇ
- オリーブオイル……適宜
- 玉ねぎ……½個
- 白ワイン……大さじ3
- ブイヨン（顆粒スープの素を水で溶く）……約300mℓ
- 根菜（写真は緑大根、黄かぶ、紫にんじんを使用）……適量
- 生牡蠣（むき身）……8個
- ケイパー……適宜
- 小麦粉……適宜
- レモンの搾り汁……少々

［つくり方］

1 玉ねぎをみじん切りにする。
2 米は研いで、よく水気をきっておく。
3 根菜は一口大に切っておく。
4 牡蠣のムニエルをつくる。牡蠣に小麦粉をまぶす。フライパンにオリーブオイルをひき、軽く焦げ目がつくまで中火で焼く。
5 フライパンにオリーブオイルをひき、玉ねぎのみじん切りを炒める。しなっとするまで、焦がさないように炒める。
6 玉ねぎに火が通ったら、2の米を入れ、油でコーティングするように混ぜながら炒めていく。このとき、あまりかき回さない
7 6に白ワイン、ブイヨンを加え、芯が残るぐらいに米を煮る。水分が足りなくなったら、ブイヨンを足す。
8 米に火が通ったら根菜を加えて炒め合わせる。
9 器にリゾットを盛り、牡蠣のムニエルをのせ、ケイパーとレモンの搾り汁をかける。

# 野菜と豆腐の中華風蒸し

◉菜の花（中国家庭料理／名古屋・池下）

［材料 2人分］

● 木綿豆腐……1丁
● 野菜の切れ端……適量（ほうれん草、小松菜のような葉野菜は向かない）
● コーンスターチ（または片栗粉）……大さじ2
● 塩、胡麻油……各適量
● サラダ油……適量
● コリアンダー（ざく切り）……適量
● チキンスープ……適量
● たれ（ナンプラー1:濃口醤油1の割合で合わせておく）……適量
● ねぎ（小口切り）……適量

［つくり方］

1 豆腐は30分くらい前から水きりしておく。
2 野菜はすべて7㎜角に切って、湯通しする。湯通しすると野菜の水分が出るので、蒸したときに水気が少なくなる。
3 豆腐の水気がきれたら適当に崩して、2の野菜を混ぜ、コーンスターチ、塩、胡麻油を加えて混ぜ合わせる。
4 平たい皿を用意して、皿にサラダ油をひいておく（豆腐と皿がくっつかないため）。
5 皿の上に3を満遍なくのばして、湯気の上がっている蒸し器に入れる。中火で7〜10分蒸す。
6 蒸し終えたらねぎ、コリアンダーを散らし、上から熱した胡麻油とチキンスープとたれをかける。

## れんこん、にんじん
## ブロッコリー…。
## 余った野菜と
## 木綿豆腐でガツンと

菜の花は名古屋の住宅街、池下にある。オーナー、加藤寿一シェフの父親は料理人、弟も京都の有名割烹「川上」の主人だ。料理人一家なのである。

彼のまかないは簡単な料理ばかりではない。ときに、店で出す商品の試作を味見することがある。何度もつくり、自分が満足する味に仕上がったら、堂々とメニューに載せる。

近作では、「エスニック焼きそば」がそうだ。ごく最近まではまかないの食事だったが、やっと完成したので、いまでは誰もが食べることができる。

太めの焼きそば麺に、カニ、イカ、黄ニラを加え、サーチャージャン（沙茶醤）とカレー粉で味付けしたもの。スパイシーな香りが食欲をそそる一品である。簡単なレシピではあるが、サーチャージャンとカレー粉の分量を決定するために何度もつくり直した。

今回の、野菜と豆腐の中華風蒸しは店のメニューに載せてもいいような料理だが、正真正銘のまかないの一品だ。材料が豆腐と野菜の切れ端なので、客には出せない。しかし、おいしい。

加藤シェフが香港のコーズウェイベイにある富臨飯店という高級料理店で修業していた頃、中国人料理人の間では人気ナンバーワンだった、〝伝説のまかない料理〟である。

材料は木綿豆腐、野菜の切れ端。野菜でも、ほうれん草、小松菜のような葉っぱの野菜は向かない。れんこん、にんじん、ブロッコリーといったものがいいだろう。また、帆立、海老などを入れればちょっと豪華な感じになる。

菜の花
愛知県名古屋市千種区若水3-18-2
TEL052-712-1182
2000年にオープン。赤エビの香港風ガーリック炒め1580円などを香港の味を楽しめる。

Part.2

# カマや
# 尻尾まで。
# 魚をおいしく

# マグロ山椒煮

●山さき（日本料理／東京・神楽坂）

［材料2人分］

- マグロ（少し色の悪くなった部分など）……200g
- 実山椒（味のついていないもの。山さきでは冷凍保存している）……大さじ1
- 醤油、酒……各適量（3:7の割合で合わせておく）

［つくり方］

1 マグロを1.5㎝角に切り、軽く塩をして10分ほど常温のところに置く。
2 鍋に湯を沸かし、マグロを入れて霜降り状態にして、水にとり血などを洗い落とす。
3 鍋にマグロ、醤油、酒、水、山椒を入れ、強火にかけ、汁気がなくなるまで煮上げたら出来上がり。

## 昼は炒飯や雑炊。夜はおかずをつくってご飯をいただく

神楽坂にある鍋と江戸料理の店、山さき。普通のオフィスビルの2階にあり、1階はおせんべい屋さんである。ビルの入り口のガラス戸に、「山さき」と書いた紙が貼ってあるだけ。シンプルというか実用本位の店だ。

山さきが出すのは前菜、刺身、煮物、鍋のコース料理。鍋は季節によって、ねぎま鍋、寄せ鍋などとなっている。

主人の山崎美香はOL生活の後、料理修業を始め、日本料理店で8年間働いて、独立した。

「修業に入ったその日に、ご主人から『まかないをつくってみろ』と言われました。料理に自信が

あったわけではなかったけれど、ねぎ、卵で炒飯をつくったところ、みなさん、残さず食べてくれました。あれが一つの自信になりました。だって、その後、後輩が入ってきたのですが、同じようにまかないをつくったけれど誰も箸をつけないことがあった。あのときから20年が経ちました。今でも私は毎日、まかないをつくっています。もちろん、炒飯もやりますよ」

山さきの従業員は4人。彼女は昼と閉店後の2回、料理をこしらえ、みんなで食べる。ただし、昼のまかないは彼女と仕込み担当の2人だけである。

「昼は炒飯や雑炊が多いです。夜はおかずをつくって、ご飯を食べます。おかずの材料はお客さまに出せない部分を使ったもの。たとえば、マグロを仕入れると、筋の多い尾の身や頭の身は出せません。そういうところを実山椒と煮たり、またヒラメの中骨を唐揚げにしたり……。マグロの山椒煮は冷蔵庫に入れておけば煮こごりもできます。煮こごりをご飯の上に載せて食べるのがおいしくて……。私がつくるまかないはご飯のお供がほとんどでしょうか」

また、山さきには、定番のまかない料理、牡蠣豆腐がある（季節は冬に限られるが）。便宜上、牡蠣と名乗っているが、まかないでは器の中に牡蠣は入っていない。牡蠣と豆腐を酒と醤油で煮たもので、牡蠣は客の前菜となり、まかないでは、その味がしみ込んだ豆腐を食べるというわけ。しかしながら、牡蠣と醤油のしみこんだこの豆腐があれば、白飯2杯はいけそうだ。

「江戸料理には豆腐飯と言って、味つけした豆腐をご飯にのせて、混ぜて食べる料理があるんです。店のまかないでは、牡蠣は食べませんが、家庭なら牡蠣も一緒に器に盛りつけると、おいしく食べられますよ」とのこと。蛇足だけれど、この牡蠣豆腐、日本酒にも合います。

さらにもうひと品

## 牡蠣豆腐

［材料２人分］

- 牡蠣（むき身）……200ｇ
- 豆腐……1丁
- 酒、醤油……各大さじ3

［つくり方］

1 鍋に酒と醤油を入れて沸かす。
2 豆腐は食べやすい大きさに切り、牡蠣とともに鍋に入れる。
3 弱火で3～4分煮たら出来上がり。

※牡蠣と豆腐から水分が出るので、醤油の量は多めでいい。牡蠣だけは先につまみ、豆腐は崩して、ご飯と一緒に食べる。牡蠣と醤油のしみ込んだ豆腐があれば炊きたてご飯が2杯は食べられる。蛇足だけれど、味のしみ込んだ豆腐は日本酒にも合う。

山さき
東京都新宿区神楽坂4-2
福屋ビル2階
TEL03-3267-2310
2002年開店。料理はコースのみで、予算1万～1万3000円ほど。

What is MAKANAI?

# 〝山さき〟にとって「まかない」とは何か?

まかないはそこにある材料で何ができるかを考える料理です。一匹の魚で刺身をつくった場合、必ず、お客さんに出せないところが出てきます。マグロの尾の身、頭の身、ほほ肉……。そういうものをどうやって食べたらいいかを考えて一品にするのが私たち料理人には大切なことではないでしょうか。マグロの端っこを実山椒と煮たり、野菜のくずをおつゆにして食べるのも修業の一つだと思っています。外で買ってきたもので済ませることもあるけれど、毎日がそれではいけないと思います。だいたい、毎日、魚の端っこ、野菜くずが出るわけですから。

たとえば、うちでは刺身のツマは大根ではありません。皮を取ったうどをせん切りにしたものを刺身に付けています。出したものはすべて召し上がっていただきたいから、大根のツマでなく、うどを添えることにしました。大根よりもおいしいからです。

うどを仕入れると、皮だけでなく、脇芽もお客さんには出せません。そこで、皮や脇芽は胡麻油で炒め、酒と醤油で煮てきんぴらにします。まかないではきんぴら、豆腐、卵焼きの端っこなどを並べて食べています。どんなものでも捨てませんし、工夫して食べることにしています。

従業員に出すまかないは残り物、余り物ばかりではありません。鮎、松茸なども食べてもらうようにしています。松茸は軸のほうが多いけれど、鮎は一匹ずつ焼いて出します。

鮎、松茸、マグロの中トロといった高価な食材を従業員に食べてもらうのは、味を覚えて、確かめてほしいから。「これ、どんな味がするの」とお客さんに聞かれた時、食べたことがなければ、「ちょっと待ってください」になってしまう。でも、自分が食べていたら、自分なりの答えを言うことができる。

同じように、うちで出している料理は従業員には一度は味見してもらいます。たとえば、車海老の黄身焼きという料理があります。文字通り、車海老に卵の黄身を塗って焼いたもので、海老の頭も殻もそのまま食べていただくもの。活けの海老を使っていますから、殻はちっとも硬くないんです。ただし、最初にそれを言っておかないと、残す方が多い。また、「ほんとに食べられるんですか?」と質問された時、「はい、私も全部食べました」と答えると、お客さんは安心して、ばりばり食べてくれました。刺身のツマだって、「これは大根でなく、うどをせん切りにしたものですよ」と伝えたら、ちゃんと召し上がる。ですから、従業員はその店で出す料理を食べておくべきです。

店では同じものばかり残るので、どうしてもまかないは似た料理になってしまう。ですから、たまには材料を仕入れて、ご馳走まかないをつくります。おでんを仕立てたり、牛のすじ肉を買ってきて、大根とことこと煮たり……。たまには豪華なまかないを食べるのも重要ですけれど、どうしても食べすぎてしまう。

# 鰹の〝ツナサラダ〟

◉萬屋 おかげさん（居酒屋／東京・四ツ谷）

**［材料4人分］**

- 鰹の余った部分……200g
- 玉ねぎ……¼個
- からし……小さじ1
- マヨネーズ……好みの量
- 塩、胡椒……各少々
- 大葉……2枚
- 大根のせん切り……適量

**［つくり方］**

**1** 鍋に水を入れて沸騰させたら、鰹をゆでる。火が通ればいい。長く煮ることはない。
**2** 鰹に、みじん切りにした玉ねぎ、細く切った大葉を混ぜる。
**3** マヨネーズに塩、胡椒とからしを混ぜる。
**4** 2と3を混ぜればツナサラダの出来上がり。大葉(分量外)を敷き、大根のせん切りの上にツナサラダをのせる。

## スーパーなどで鰹を買ったら、一度火を入れるとグッとおいしくなる

四谷にある居酒屋、萬屋《よろずや》おかげさんは開店から11年経った。全国の銘酒とそれに合う料理を楽しむ店だ。銘酒のラインナップは日本酒が50種、焼酎が20種、梅酒が1種類。加えて、主人、神崎康敏が大好きなビールが2種類だけ置いてある。

料理はおまかせで前菜、刺身、煮物などが出てきて、最後に名物の塩むすびが登場する。気の利いた肴で日本酒を楽しむのもいいが、常連はおいしい食べ方、飲み方を知っている。

萬屋 おかげさんでは鰹などの魚は丸のまま仕入れて、皮から内臓、骨まで利用する。客に出すこともあれば、まかないとして、自分たち用に回すこともある。鮮魚を使ったまかないに長じている。

まかないを食べるのは午後5時頃。全員一緒ではない。神崎を含めた4人のスタッフは手の空いている順番に箸を持つ。調理担当は神崎もしくは料理スタッフの菊田崇仁だ。メニューは和食オンリー。ご飯とおかずが同店の毎日のまかないである。

神崎は「買ってきた鰹は〝ツナサラダ〟にするのがいい」と言う。

「鰹は刺身にせよ、たたきにせよ、鮮度がよくないとおいしくありません。スーパーに並んでいる切り身の鰹は鮮度が落ちていることが多いので、そのままゆがいて、ツナにするのが一番いい。マヨネーズで和えると、びっくりするくらいおいしいですよ」

私は実際にやってみた。缶詰のツナよりもあっさりとしているのに風味があって、ご飯のおかずとして絶品だった。

萬屋 おかげさん
東京都新宿区四谷2-10
松本館地下1階
TEL03-3355-8100
2002年オープン。料金はおまかせ5670円（お通し込み）のみ。

# 鮭の〝じんちゃん焼き〟

●あん梅 ぎん香（干物料理店／東京・麻布十番）

[材料3人分]

- 鮭……3切れ（客に出せない尻尾のところ）
- にんじん……⅓本
- もやし……1袋
- キャベツ……¼個
- 椎茸……2枚
- 茄子……1本
- バター……5g
- 味噌……大さじ2
- 醤油……大さじ1
- 豆板醤、オイスターソース……各少々
- サラダ油……適量

[つくり方]

1 フライパンにサラダ油をひいて焦げ目がつくまで鮭を焼く。
2 鮭を取り出し皿にのせる。
3 野菜を食べやすい大きさに切って強火で炒める。野菜は何でもいい。
4 火が通ったら、味噌、醤油などを混ぜた調味料で味をつける。
5 最後にバターを落とす。
6 炒めた野菜を鮭の上にのせる。

## まかないってのは客に出すものじゃないからこそ真剣につくる

主人、藤井哲夫が麻布十番に干物料理店「あん梅 ぎん香」を開いたのは9年前のことだ。

藤井は毎朝、鮮魚を仕入れて、自分が暮らすビルの屋上で干している。店の料理に欠かせない味噌もひとりで仕込む。米は鉄製の羽釜で炊く。干物、味噌汁、ご飯を出す料理店は夜空の星の数と同じくらいあるけれど、自家製干物、自家製味噌、薪で炊いたご飯を出す店は「あん梅 ぎん香」くらいである。

65歳になる藤井は元々料理人で、洋食店や病院の外来食堂でコックをしていた。まかないの担当として、何年も料理人が食べる食事をつくっていたことがある。

「いまの皆さんは知らないだろうけれど、昔の飲食店のまかないはほんとにまずかった。店の主人がとにかく金を使うなとうるさく言っていたからね。おかずは一品が原則。味噌汁も出ない店があった。調味料だって塩、砂糖、醤油だけ。味噌、味醂、酒のような高価な調味料は絶対に使っちゃいけなかった。

オレが働いていたある店の話。毎食、味噌汁は出すのだけれど、だしを取らないからまずいのなんの。お湯にほんの少し味噌を溶いただけ。あんなまずいものはない。

それに比べればうちのまかないはゴージャスです。しんちゃん（鈴木晋一）って料理人がつくっているんだけれど、おかずが毎回、2～3品は付くよ」

あん梅では午後4時30分と閉店後の11時過ぎにまかないを食べる。しんちゃんは毎回、余った材料を使ってバラエティに富んだ料理をつくる。まかないを食べるのは主人、しんちゃん、サービス担当の中国人留学生りんちゃん（林玉燕）の3人だ。

主人の藤井はしんちゃんには感心しているという。

「おいしいまかないってのは愛情が入ってるんだよ。だって、客に出すものじゃないでしょう。料理人なら手抜きしようと思えばいくらでもできる。それなのにしんちゃんは昼と夜のメニューを必ず変えるし、下ごしらえまでしてつくる。料理に対する愛情があるんだね、きっと。ちゃんちゃん焼きに〝しんちゃん焼き〟と料理名を付けたのは私。

その代わり、主人のオレに対してはあんまり愛情はないみたい、ははは。いやいや、オレはありがたく思って、毎日、いただいてます。思えばオレの人生はまかないですよ。四十数年間、まかないを食べて生きてきたんだから。この身体はまかないでできたようなもんです」

あん梅 ぎん香
東京都港区麻布十番2-19-2
TEL03-5439-6937
羽釜で炊いたご飯と、自家製の干物を楽しめる。

さらに
もうひと品

## かぶの葉っぱとじゃこ

［材料２人分］
- かぶの葉っぱ……適量
- じゃこ……適量
- サラダ油……適量
- 塩……少々

［つくり方］
1 かぶの葉っぱをさっとゆでて、湯をきり、刻んでおく。
2 フライパンにサラダ油をひいて、じゃこを炒め、かぶの葉っぱを加える。
3 調味は塩だけ。じゃこに塩味がついているので、塩は少しでいい。
※かぶの葉っぱとじゃこを炒める際、赤唐辛子を加えてみると味のアクセントになる。

# アジの干物のおろし和え

◉銀座 百楽（日本料理／東京・銀座）

［材料4人分］

- アジの干物……2枚
- きゅうり……1本
- 大根……½本
- わかめ（水で戻したもの）……50g
- 茗荷……1個
- だし汁……適量
- 生姜の搾り汁……少々
- 塩……適量
- 醤油、酢、砂糖……各適量

［つくり方］

1 アジの干物は焼いて、皮と骨を取り、ほぐしておく。
2 きゅうりは縦半分に切って種を取り、薄切りに。塩水につけてしんなりさせたら、絞っておく。この場合、きゅうりに塩をふってもいいが、しょっぱくなってしまうのでその場合は量に注意すること。
3 わかめは一口大に切っておく。
4 大根はすりおろして、汁を絞っておく。
5 茗荷は上にのせるので、薄い小口切りに。
6 だし汁（むろん、白だしも可）に醤油、酢、砂糖少々を混ぜ、生姜の搾り汁と大根の絞った汁を入れてのばす。
7 そこにアジのほぐしたもの、きゅうり、わかめを入れて混ぜる。これで出来上がり。
※酢は多めに入れていいです。具がたくさん入った酢の物で、ご飯のおかずにもなると思えばいい。そうそう、日本酒の肴にもなります。アジの代わりにカマス、サバでもできます。カマスは贅沢だし、サバは脂が強い。まかないにはアジの干物がぴったりです。

## ほぐした干物が香ばしい！ アジの代わりにカマスやサバでも

銀座6丁目にある百楽は徳島県の素材を中心に使った懐石料理の店だ。主人は廣田福也、40歳。実家は徳島市から車で1時間の距離にある阿南市椿泊《つばきどまり》の料理旅館「椿活珍亭」。近くにある椿泊港に揚がる新鮮な魚介を食べさせる宿である。

長男の廣田は船場吉兆で修業した後、30歳で独立。徳島市内に「阿波喰ひろた」を出した。2007年には銀座8丁目に店を移し、多くの顧客を得、2011年にはいまの場所に移った。現在の店は16席。一日に4組の客しかとらない。

「まかないは午後1時です。午前9時に店に来て、仕込みが一段落したら、みんなで一緒にささっと食べます。店が終わるのが午後11時ですから、夜のまかないは店では食べません。簡単なお弁当をつくって、うちに帰ってから、酒と一緒につまんでおしまいです」

私が出かけていった日のまかないメニューは、炊き立てのご飯、そば米汁、そして、アジの干物のおろし和えだった。渋い組み合わせである。ヘルシー過ぎて病院の食事みたいな感じでもある。しかし、飽食の時代にはこういった食事が正しい。アジの干物のおろし和えは安い材料を使っている割には高そうに見える。家庭で来客をもてなす時の一品として十分に通用する。

アジの干物のおろし和えは秀逸。うちで試してみたけれど、簡単なうえに失敗することもない。店のメニューに載せてもらいたいと思った。

銀座 百楽
東京都中央区銀座6-7-18
デイム銀座地下1階
TEL03-3289-5060
2007年オープン、夜は1万4040円のコース～。

Part.3

# 豪快にパパッとつくりたい肉料理

# メンチカツ

●ル・マンジュ・トゥー（フランス料理／東京・牛込神楽坂）

［材料7人分］

- 牛切り落とし肉 ……600g
- 生姜 ……10g
- 玉ねぎ ……40g
- にんにく ……10g
- 水 ……½カップ
- 玉ねぎ（後から加える分） ……100g
- 卵 ……1個
- 塩、胡椒、小麦粉、パン粉、サラダ油 ……各適量
- キャベツ（せん切り） ……適量

［つくり方］

**1** 牛肉の切り落としを叩いたものに、玉ねぎ、生姜、にんにく、水を加えてミキサーで回す。出来上がったら牛肉と一緒に冷蔵庫で冷やしておく。

**2** 8℃くらいまで冷やしたら、材料を合わせ、手で練る。練り上がったら、1㎝角に切って炒めた玉ねぎを加えて、塩、胡椒をし、さらに練る。

**3** あとは成形して、小麦粉をまぶし、溶いた卵にくぐらせる。パン粉をつけてサラダ油で揚げたら出来上がり。付け合わせはキャベツのせん切りを添える。

※「冷やして練る」手法を覚えたら、牛肉だけでなく、豚肉、鶏肉を使った挽き肉料理に応用できる。

## 冷やして、練って…。この勘所を覚えれば挽き肉料理の腕前アップ

地下鉄大江戸線の牛込神楽坂駅近くにあるフランス料理店、ル・マンジュ・トゥー。場所がわかりにくいうえに、店名も素人にはやや発声しにくい。行ったことのない人を会食に招くには向かない店なのだが、いつも満席である。なぜ、混んでいるかといえば、ル・マンジュ・トゥーの料理は正統派で、しかも、その店独自のフランス料理が出てくるからだ。

開店以来、20年余になる店を守ってきたオーナーシェフは谷昇。還暦である。彼は仕事に熱中すると食欲がわいてこない。だから、一日に一食と決めている。谷が食べるのは営業が終わった後の午前1時から始まるまかないだけだ。

「まかないは料理人にとって勉強です。おいしくて当たり前。うちでは必ず調理場の新人が担当します。」

ル・マンジュ・トゥーのまかないは午後3時と店が終わった後の午前1時の2回。1回目は谷を除いた3人の調理人が1階の調理場で立って食べる。深夜のまかないはサービスも含めた7人で調理台を囲む。ワインやもらいものの日本酒を飲みながら、なごやかに食事をする。料理人やサービスのスタッフは一日の出来事を職場のお父さんである谷、お母さんであるマダムの楠本典子に話す。一家団欒という風景だ。

食べている最中は谷が怒ることはない。叱るのは仕込みと営業の間だけと決めている。

今のまかない担当は入店して5年目の野水貴之。29歳。

「メンチカツといっても牛肉100%でつなぎは入れません。フランス料理のビトック（牛挽き肉のハンバーグ）のつくり方です」（谷昇）

また、スープノルマンドもよくつくるひと品だ。簡単に言えばトマトの入っていないミネストローネのこと。ノルマンディというフランス北部のスープである。トマトがとれない寒い地方のスープである。

材料は玉ねぎ、にんじん、キャベツ、じゃがいも、いんげんだが、冷蔵庫の中に他の野菜が余っていたら、それを使えばいい。セロリ、長ねぎ、かぶを入れてもおいしい。

それぞれの野菜を1cm四方の角切りにする。バターを鍋に落としたら、まず玉ねぎをしんなりするまで炒める。その後、硬いものから順番に入れて、炒めていく。にんじん、キャベツ、じゃがいも、いんげん……。全体に火が通ったら、水を入れて沸騰させる。沸騰したところで顆粒状の中華スープの素を加えて、野菜が柔らかくなったら火を止める。

深い皿によそったら、仕上げにパルメザンチーズと胡椒をふる。寒い日にはありがたい、まかないスープである。

さらに もうひと品

## トリッパの煮込み

［材料7人分］

- トリッパ（下処理してゆでてあるもの）……1.5kg
- トマトの水煮（缶詰）……400ｇ
- 白ワイン……400mℓ（トマトの水煮と同量）
- 玉ねぎ……200ｇ（中1個）
- にんじん……3本
- 赤唐辛子……1本
- にんにく……3片
- サラダ油、塩、胡椒……各適量

［つくり方］

1 トリッパは一口大に切って、トマトの水煮と白ワインで柔らかくなるまで弱火で煮込む。だいたい4時間はかかる。水気が少なくなったら、水を足す。

2 トリッパが柔らかくなったら、サラダ油で玉ねぎ（薄切り）、にんじん（拍子木切り）を炒めたものを加え、唐辛子、にんにくを入れてさらに煮込む。塩、胡椒は仕上げに。

※トリッパが柔らかくなるまで煮込むには時間がかかる。決して難しい料理ではない。やる気と根気が必要なだけ、と谷さんは言う。

ル・マンジュ・トゥー
東京都新宿区納戸町22
TEL03-3268-5911
1994年にオープンしたフランス料理店。ディナーは、シェフのおまかせコース1万2600円。サービス料10%。

# 豚バラ肉とゆで卵の煮込み

● ドンニャン（ベトナム家庭料理／ベトナム・ホーチミン）

［材料10人分］

- 豚バラ肉……2kg
- ゆで卵……10個
- ヌクマム……大さじ2½
- 塩、砂糖……各大さじ1
- ココナッツウォーター（なければ水で代用可）……500mℓ

※ココナッツウォーターは透明な甘い汁。ココナッツミルクではない。

［つくり方］

1 豚バラ肉をぶつ切りにする。鍋に豚バラ肉と、かぶるぐらいの水（分量外）を入れ、ヌクマム、塩、砂糖を加えて30分煮込む。途中で水が少なくなったら、注ぎ足す。
2 ココナッツウォーターとゆで卵を加える。
3 さらに、30分ほど煮込んだら出来上がり。

## 豚バラは煮込みすぎない！1時間ほど火を入れればOK

ドンニャンはホーチミン市内の中心部、ベンタインマーケットのすぐ近くにある、ベトナムの家庭料理の店。苦瓜に詰め物をした煮物、空芯菜の炒め物、鶏肉や豚肉の炭火焼き……、こうしたものが店頭の大皿に山盛りで置いてある。

おかずは40種類以上あるから、1週間通っても食べきれない。そして、値段は格安。おかず2品、スープ、ご飯（山盛り。必ず残してしまう）を食べても日本円にして、せいぜい200円程度。味つけもシンプルそのもの。塩とヌクマムくらいしか使わない。調味料やだしよりも、素材の味で勝負な

さらにもうひと品

## 空芯菜炒め

［材料４人分］
- 空芯菜……150g
- にんにく（みじん切り）……3片
- ヌクマム……大さじ2
- ラード、うま味調味料……各少々
- 水……大さじ2

［つくり方］
1 空芯菜を長さ5㎝ほどに切る。
2 中華鍋かフライパンにラード、にんにく2片分を入れて熱する。
3 香りが出てきたら空芯菜を入れ、ヌクマムとうま味調味料を加える。
4 全体に火が通ったら水を加えて、少し炒めて火を止める。
5 皿に盛り、残りのにんにくを散らして出来上がり。
※1980年代まではベトナムの家庭で使っていた炒め油はほぼラードだったという。ベトナム家庭の炒め物の味とはヌクマムとラードだとわかる。空芯菜でなく、ほかの野菜も炒めるときでもこの二つを使えばベトナム風になる。

のである。

　ドンニャンは朝の9時から夜の9時まで。年中無休で、土曜日の午後3時以降は休む。日本からの観光客も多いが、主体は地元の客である。

　経営者でいつも店にいるフーンおばさん（ズィン・ティ・フーン、61歳）に「客は一日に何人来るんですか？」と尋ねたら、「数えたことはない」……。でも、しばらくしてから、次のように教えてくれた。

「毎日、100kgの米を炊いている。だいたい、4人で1kgの米を食べるから、お客さんは400人前後かしら」

　ベトナムの人は男も女も子どもも老人も、一人で250gほどのご飯を平らげる。日本の平均的なご飯茶碗にして2杯は確実に食べていることになる。

　従業員は交代制で、20人以上働いている。午後3時を過ぎて客が減ってきたら、それぞれが店頭に並べてあるおかずの中から、好きなものを選んで食べる。まかないで食べるおかずの人気は豚肉と卵の煮込み、雷魚の土鍋煮込み、焼きスペアリブといったところだ。客にとっても人気のあるおかずだけれど、大量に仕込むので、残っている場合が多い。

　フーンさんに聞いた。

「ベトナム戦争の時は営業していたのですか？」

「もちろん。サイゴンは戦場にはなっていません。1976年に南北ベトナムが統一されました。私はいつものように、お店で料理をしていました。でも、北ベトナム軍がサイゴンに突入してきた3日間だけは店を閉めて様子を見ていました。町には北ベトナムの戦車が進軍してきて、道路という道路には撤退していったアメリカ軍の軍服や銃があちらこちらに捨てられていました。町が静まってから店を開けたところ、いつものようにお客さんがやってきて、いつものようにうちのおかずとご飯を食べて帰っていきました。うちは手頃な値段でお腹いっぱい食べられるから、誰にとってもいいと思います。最近、物価が上がってきたから、海老や鶏肉を使った料理は減りました。でも、それでも40種は必ずつくっています」

ドンニャン
11 Ton That Thiep, St. District1, Ho Chi Minh
TEL08-3822-5328
ホーチミン市内の中心部、ベンタインマーケットのすぐ近くにあるベトナム家庭料理店。

# 鶏もも肉と野菜のさっと煮

●ラリアンス（フランス料理／東京・神楽坂）

［材料1人分］

- 鶏もも肉……120ｇ
- 玉ねぎ、にんじん……各60ｇ以上（多くてもいい）
- トマトの水煮（缶詰）……150ｇ
- トマトの切れ端……少々
- サラダ油……適量

［つくり方］

1 鍋にサラダ油をひき、鶏肉を焼いて取り出す。
2 玉ねぎ、にんじんはみじん切りにして炒め、トマトの水煮と切れ端を入れて煮る。
3 1の鶏肉を戻して、さっと煮たら出来上がり。
※好きな野菜を添えて食べよう。ご飯にもよく合う。

## 簡単！おいしい！焼いた鶏ももをトマトのスープでさっと煮るだけ

神楽坂のフランス料理店、ラリアンスは創業して11年。平日はレストランだが、土曜、日曜、祝日は結婚披露宴のカップル専用になる。つまり、ウエディングレストランである。

メニューはクラシックであり、かつチャレンジングだ。たとえばキャビアである。ブリニ（そば粉の入ったクレープ）とサワークリームといった定番の食べ方だけではなく、ふかしたじゃがいもにのせたり、薄く焼いたじゃがいもを添えたりする。クラシックな素材をそのまま出すのではなく、正統派のまま、ひねりを加える。

ラリアンスで10年余り、料理長

さらにもうひと品

## 野菜と鯛のかき揚げリゾット丼

［材料1人分］

- 鯛の切れ端……適量
- 野菜の切れ端（にんじん、玉ねぎ、菜の花など）‥適量
- 市販の天ぷら粉……適量
- 丼つゆ（チキンブイヨン30mℓ、水、醤油各10mℓ、コーンスターチ少々）
- 冷やご飯……150ｇ
- 玉ねぎ……30ｇ
- にんにく……5ｇ
- 白ワイン、チキンブイヨン……各100mℓ
- パルミジャーノチーズ……20ｇ
- 生クリーム……20mℓ
- 塩、胡椒、サラダ油……各適量

［つくり方］

1 かき揚げ用の材料は何でもいい。野菜はだいたい3種類くらいで、同じ大きさに細かく切り揃えておく。鯛の切れ端とカットした野菜を、水（分量外）で溶いた天ぷら粉に混ぜ、塩、胡椒をして、熱したサラダ油に投入。カラッと揚がったら引き上げる。

2 丼つゆは、チキンブイヨンと水、醤油を鍋に入れ、ひと煮立ちさせる。仕上げにコーンスターチを同量の水（分量外）で溶いて入れる。

3 白ワインとチキンブイヨン、みじん切りにした玉ねぎとすりおろしたにんにくを鍋に入れ、火にかける。

4 汁が半分になったらご飯を入れて、水気がなくなるまで煮詰める。

5 パルミジャーノチーズと生クリームを加え、最後に塩、胡椒をふる。

6 皿に盛り、かき揚げをリゾットの上にのせ、丼つゆを回しかける。

※白ワインの酸味とかき揚げがよく合う。リゾットに塩をふりすぎないように注意しよう。

を務めているのは鈴木剛志（現在は姉妹店「ラレンツァ」でシェフを務める）。日比谷のフランス料理店で修業した後、2年間のフランス留学へ。帰国後、30歳でアグネスホテルの料理長になり、34歳でラリアンスに引き抜かれた。今では6人の料理人を従えて、ほぼ年中無休で調理場にいる。

「うちのまかないは一日に2食です。午前11時と午後5時。食べるのは料理人、パティシエ、サービス、ソムリエなど全部で40人だから、相当な量ですね。

　まかないの担当も二人います。毎日、メニューを考えて、調理する。40人分ですから、じっくり考えている暇はありません。考えながら手を動かして料理をつくっていかなくてはならない。普通の仕事もやりながら従業員の食事をつくるのは大変なことですよ。だから、担当はストレスがたまって痩せてしまいます。

　うちくらいの規模のレストランだと、まかないをつくる手間と時間が惜しくて、弁当で済ませるところが多い。でも、毎日弁当じゃ飽きるし、だいたい、料理人が弁当を食べていたんじゃ進歩しないでしょう。僕は嫌です。まかないは料理人の勉強です。毎日、違うメニューをつくるから技術の上達につながる。僕が料理長でいるうちは弁当や給食を頼むことはありません」

　ラリアンスは最多で100人が同時に食事できる規模の店だ。材料も大量に仕入れるから、野菜の切れ端、肉の端っこなどが自然とたまっていく。食材の種類も豊富である。精肉、鮮魚、青果、果物……。膨大な材料を使って、まかないをつくるわけだから、担当はクリエイティブに楽しめる半面、材料の多さ、種類の豊富さに圧倒されてしまう。だから、メニューは和洋中、エスニック、何でもつくっていいことになっている。

　そして、まかないの担当に鈴木が注意することはたった一つ。

「いいか、お金がとれる、まかないにしろ」

　店のメニューに載せてもいいくらいのおいしいまかないをつくれという意味だ。

ラリアンス
東京都新宿区神楽坂2-11
TEL03-3269-0007
2003年創業のフランス料理店。ランチコースは4800円〜、ディナーコースは8500円〜。

# 炒り鶏

◉てんぷら　銀座　天亭（天ぷら／東京・銀座）

［材料5人分］

- 鶏もも肉……300g
- 椎茸……3枚
- にんじん……1本
- ごぼう……⅔本
- こんにゃく……100g
- れんこん……150g
- 筍（水煮）……100g
- 煮汁（丼たれ1に対して、だし10、砂糖0.3、醤油0.2〜0.4、味醂少々）……適量
- 酒……少々
- サラダ油……適宜

［つくり方］

**1** 鶏もも肉を一口大に切り、フライパンにサラダ油をひいて中火で焼く。皮目から焼き、パリッとしてきたら返して、全体に臭み消しの酒をふる。身にも火が通ったら、煮込み用の鍋へと移す。

**2** 鶏肉を焼いたフライパンの中へ一口大に切った椎茸、にんじん、ごぼう、こんにゃく、れんこん、筍を投入。鶏肉の旨味が残ったフライパンで炒めることで、おいしさアップ。しんなりと火が通ったら、鍋へと移す。

**3** 鍋の中に材料がひたひたになるくらいのだしを入れ、強火にかける。沸騰したら中火にして、アクを取りながら5分ほど煮る。

**4** 弱火にした後、調味料を投入。順番は砂糖から。

**5** 10分ほど煮て、素材に甘味がしみ込んだら、丼たれと醤油を入れる。醤油は味の調整程度に。煮汁がほとんどなくなるまで煮たら、最後に照りを出すために味醂を加える。

## 鶏もも肉と同じフライパンで野菜を炒めると断然おいしくなる

銀座8丁目にある天亭、2013年に創業30周年を迎えた。主人は越田吉徳、71歳。彼の実家は鮮魚店で、最初は寿司屋に修業に入った。途中から、天ぷら職人になり、揚げ場に立って49年が経つ。景気不景気の波にもまれながら、銀座8丁目で30年も暖簾を守ってきた。その秘訣はどこにあるのか。

「とにかくモノを捨てないこと。食材の余ったところをバンバン捨てる店は絶対につぶれます。そして、不景気になって客足が途絶えても絶対に食材の質を落とさないこと。お客さんが食べるものには金をかけ、自分たちが食べるものは削れるだけ削る。そうすれば店はつぶれない」

　天亭は主人の越田を入れて7人でやっている。揚げ場が3人、サービスが3人、「裏」が一人。

……「裏」って何ですか?

　越田の説明。

「裏はね、裏の調理場で客に出す惣菜、サラダ、おしんこをつくる役目だよ。天丼や天茶をつくるのも裏の仕事。表の揚げ場でかき揚げを揚げたら裏へ回す。裏はそれを丼つゆにつけてご飯にのせる。これも大切な仕事で、うちではまかないはすべて裏が一人でつくるんだ」

まかないは午後3時と店が終わった午後10時からである。

　現在、天亭で裏をやっているのは小高昌弘、36歳。眼鏡をかけた好青年ではなく好中年である。入店してから5年が経った。一人前になったら、故郷の群馬に戻り、そこで自分の店を開くことにしている。

　しかし、彼は入ってから5年も経つのに、いまだ、揚げ場に立ったことがない。天ぷらの揚げ方は教わっていない。

　聞いてみたら、天亭では7年間は揚げ場に立たせないという。裏の仕事をすべて覚えて初めて天ぷらを揚げることができるわけだ。

　越田の説明。

「独立するには天ぷらが揚げられればいいってもんじゃない。僕らの仕事には出張料理もあれば宴会もある。刺身や焼き魚、煮魚もつくれなきゃ店はやっていけない。あらゆる料理ができるようになってから、天ぷらを教えます。なんといっても揚げ場に立ったら、横から口を出すことはできないんだから。天ぷら職人は表に出たら、最初から舞台に立つ。堂々としてなきゃいけない。裏で十分に修業をさせるのは独立した後、店をつぶさないための教育なんです」

　天亭では、まかないをつくる前に、担当者は1週間の献立表をつくり、越田にチェックしてもらうことになっている。

　越田の説明。

「1週間分のまかない献立表をつくれば、広い視点でバラエティーに富んだ料理を考えるようになる。料理人の心構えの基本が養われますよ」

てんぷら 銀座 天亭
東京都中央区銀座8-6-3
新橋会館ビル地下1階
TEL03-3571-8524
創業30周年を迎えた銀座の天ぷらの名店。昼は天丼2625円、コース3150円～。夜はコース6825円～。

さらにもうひと品

## カレイの煮つけ

［材料5人分］

- カレイ……5尾
- ごぼう……15cm
- 椎茸……5枚
- 豆腐……1丁
- 長ねぎ……50cm
- わかめ……70ｇ
- 生姜……少々
- 煮汁（丼たれ1に対して、水1.5、醤油0.5～0.8）……適量
- 湯……適量

［つくり方］

1 カレイは頭を落とし、内臓を取り除いてよく洗い、水気は拭いておく。

2 ごぼうは長さ5cmの拍子木切りに、豆腐は3cm×3cmの正方形、長ねぎは5cmの長さに切る。生姜は薄切り、椎茸は石突きを取る。

3 煮汁をつくる。丼たれに水を合わせて、醤油を足す。

4 煮汁を火にかけて、ごぼう、椎茸、豆腐、長ねぎを入れ、ごぼうがある程度柔らかくなるまで煮る。

5 別鍋に湯（かれいがかぶるくらいの量）を沸かす。沸騰させずに、気泡が出てくるくらいの温度にする（目安としては80℃）。

6 カレイを入れ、ヒレが反り返ってくるまで火を入れる。アクや汚れを落とすための湯通しである。

7 湯通ししたカレイを、沸いている煮汁の鍋へ移し、アルミホイルで落とし蓋をして、弱火で8分ほど煮る。煮上がる直前にわかめと生姜を入れることを忘れずに。

# 鶏もも肉のロールキャベツ

◉ヴァンセット（フランス料理／名古屋・御器所）

［材料3人分］
- キャベツ……大き目の葉3枚
- 鶏もも肉……300ｇ
- 塩、胡椒……各適宜

［つくり方］

1 鶏もも肉は一枚を四つに切る。
2 キャベツを熱湯につけた後、ザルに広げて冷ます。
3 キャベツの葉一枚に塩、胡椒をふった鶏のもも肉を包む。
4 包んだら鍋に入れてかぶるくらいの水を入れて煮る。20分も煮ればOK。

※鶏肉に塩、胡椒するくらいで、鍋の水には味つけは必要ない。固形スープを入れなくても、鶏からだしが出る。
※ロールキャベツを煮るときに一緒にセロリ、にんじん、じゃがいもをさいの目に切ったものを入れるとスープの味に深みが出る。
※食べるときは皿にロールキャベツをのせ、塩、粒胡椒、マスタードを添える。代わりに、カレー粉、ケチャップにしてもいい。スープに味をつけるよりも、食べるときに味に変化をもたせたほうがいい。

## 挽き肉を使わず
## 簡単、旨い！
## 包んだら鍋で
## コトコト煮るだけ

ヴァンセットは名古屋の中心部から地下鉄で15分。御器所《ごきそ》という読みづらい名前の駅から歩いて行く。カウンターとテーブル3卓の小さな店だが、オーナーシェフの青木俊憲は知る人ぞ知る料理人だ。

ヴァンセットは家族3人で営んでいる店だが、午後4時、必ずみんな一緒にまかないを食べる。

「試食を兼ねての料理を食べることが多いんです。でも、時々、腕試しにほかのジャンルの料理にトライすることもある。天ぷら、巻き寿司、ちらし寿司……、トルコ料理みたいなエスニックも……」

また、ご飯、味噌汁、野菜料理というシンプルな日もある。

そんな彼が「これもよくやります」と持ってきたのが、大きめのロールキャベツ。

「なんだ。ただのロールキャベツか」と思って、ナイフを入れたら、中身はミンチ肉ではなかった。よく見たら普通の鶏肉である。

青木さんは「ロールキャベツだからといって、挽き肉を使う必要はないんです」と笑った。

また、ロールキャベツを煮たスープはカップまたは深めの皿に入れ、古くなったバゲットを浮かす。バゲットは少しフライパンで焦げ目をつけてもいいだろう。

青木風ロールキャベツは手間もかからず、安い材料と余り物を使う、まかない料理だ。鶏肉をキャベツで巻いたら、あとは鍋の中に入れて放っておけば出来上がる。それでいて、味はいい。まかないの王道ともいえる料理である。

ヴァンセット
愛知県名古屋市昭和区
石仏2-6-2
七福マンション1階
TEL052-852-4180
1987年に錦でオープンし、1990年に現住所に移転したカウンターキッチンのフランス料理店。ディナーのコースは8400円〜。

## Part.4

# 元気の源。おかわりしたくなる丼

# 親子丼

●かんだ（日本料理／東京・元麻布）

**［材料1人分］**

- 鶏もも肉…… 60g
- 長ねぎ（薄切り）…… 40g
- 卵…… 2個
- 三つ葉、海苔…… 適量
- だし（だし6：醤油1：みりん1）…… 適量
- ご飯…… 丼1杯

**［つくり方］**

1 鶏もも肉はそぎ切りにする。長ねぎは薄切りにする。

2 卵を割ってボウルなどに入れ、まず卵黄のみ取り出しておく。次に卵白のうち粘度の高い部分を手ですくって取り出し、卵黄に合わせる（溶かさない）。残った水様卵白（粘度の低い部分）は使わずに捨てる。

3 鍋に鶏もも肉と長ねぎを入れ、鍋底一面がだしで満たされるようにだしを注ぎ、中火で加熱する（鶏もも肉や長ねぎがひたひたにならないように少なめに注ぐ）。

4 鶏もも肉に火が通ったら、溶かずに合わせておいた卵黄と卵白をそのまま鍋へ。

5 ここから30秒ほどで卵を混ぜて火を止める。だしを内包しやすい卵白のみをまずまぜあわせていき、火を止める直前になったら黄身をつぶして混ぜ合わせます。このように時間差で混ぜ合わせることで、黄身が半熟、白身がぷるるんとした美味しい卵とじになる。

6 ご飯を盛った丼に移し、三つ葉と刻み海苔を散らして出来上がり。

## 卵の料理の基本が詰まっている シンプルだが奥深い ふるふるの親子丼

元麻布の日本料理店、かんだのまかないは親子丼だった。

「なーんだ。親子丼なら簡単だ」たいていの人はそう思うだろう。

　しかし、主人、神田裕行がこしらえたものは、これまでに食べた親子丼とはまったく違っていた。卵のとじ方が違うのだ。

　彼はボウルに卵を2個割り入れると、まず黄身をすくい、別の皿に移した。次に白身も手ですくいあげ、粘りのある部分だけを別のボウルに移した。最初のボウルの底には水っぽい白身が残る。

「卵の白身は粘りを持った部分と粘りのない水っぽい部分に分かれ

ます。そして、水っぽい部分は特有の生臭みを持っている。この部分は使いません。だから、ふたつに分けました」

　続けて言った。

「黄身はほとんど水分を吸いません。一方、白身は同量から最大で1・5倍までの水分を包み込むことができる。白身にだしを包み込ませ、黄身はクリーミーな役割に徹する。そうすれば、ふっくらとおいしい卵とじができるのです」

　実際につくっているところを見ていると、卵を鍋に入れるときに、黄身と白身をそれぞれ滑らせるようにして投入した。

それからの動作は早い。

　しゃもじを使い、黄身をつぶさないように、白身をだしと入念に混ぜていく。そうして、白身がおぼろ豆腐のような状態となったときに初めて黄身をつぶした。黄身が半熟になったら、そこでおしまい。あとは余熱で火を入れる。

　出来上がった親子丼の味はクリーミーで、しかも、だしのうまみが入っていた。鶏肉よりも卵を楽しむ、そんな親子丼だ。

「まかないは毎日、午後5時に決めています。いまは入店して3年目の煮方の人間にまかせています。メニューは何でもいいけれど、材料は余り物が中心」

　彼の言葉にあるように、まかないの材料は客に出せないところ、もしくは余ったところだ。たとえば、サワラがおいしい時期は毎日、仕入れるので、そればかりが残る。まかないには焼いたり、フライにしたり、時にはフィッシュバーガーにもする。フィッシュバーガーのときにはバンズを買ってきて、タルタルソースからつくる。本格的なのである。

「私が教えるのはバランスです。たとえば、丼物だったら、上に載せる具の味つけとご飯の量のバランスが合っているか。私は丼物のときは汁を多くするなと言っています。汁だくはダメだよ、と。汁だくにしてしまうと丼のご飯すべてに味がついてしまう。それでは白いご飯と味のついた鶏肉の卵とじとの対比を楽しむことができません。味のバランスを考えてつくることが勉強なのです」

かんだ
東京都港区南麻布3-6-34
カーム元麻布1階
TEL03-5786-0150
ミシュラン三ツ星を獲得。
予約がのぞましい。おまかせコース1万5750円～。

さらにもうひと品

## 豚丼

［材料2人分］

- 豚バラ肉……100g
- 玉ねぎ……100g
- えのき……40g
- しめじ……60g
- にんじん……40g
- ピーマン……1個
- 割り下（味醂8:醤油3:酒2の割合で混ぜたもの）……適量
- ご飯……丼2杯

［つくり方］

1 野菜、豚バラ肉は火が通りやすいように、薄く一口大に切る。

2 鍋に割り下を注ぎ、中火でひと煮立ちさせる。

3 にんじん、玉ねぎ、しめじと火の通りにくいものから入れていく。

4 豚バラ肉、えのき、ピーマンを加えて中火でさらに火を通していく。

5 材料がしんなりしたら火をとめ、ご飯を盛った丼に移す。

# リゾット風親子丼

◉WA鶏BAR（鶏料理／大阪・心斎橋）

**［材料1人分］**

- 残りご飯……160ｇ
- コンソメスープ…… 水30mℓとチキンコンソメ2ｇを混ぜた量
- 塩、胡椒…… 各適量
- 生クリーム…… 25mℓ
- 鰹だし…… 80mℓ
- 醤油…… 大さじ1
- 味醂…… 大さじ1
- 砂糖…… 大さじ½
- 鶏もも肉…… 100ｇ
- 玉ねぎ…… ⅛個
- 卵…… 2個

**［つくり方］**

**1** 鶏もも肉は一口大に切り、皮目を焼いておく。玉ねぎはスライスする。

**2** 残りご飯を鍋に入れ、コンソメスープと生クリームを注ぎ、中火で温める。

**3** 煮立ったら、塩、胡椒で味を整える。

**4** 米がふやけて柔らかくなり、少し煮詰まって水分が少なくなったらリゾットは出来上がり。

**5** 小鍋に鰹だし、醤油、味醂、砂糖を入れて弱火で温め、ひと煮立ちさせる。

**6** 5に、鶏もも肉、玉ねぎを入れて、中火で煮る。

**7** 鶏肉、玉ねぎに火が通ったら、強火にして溶き卵（卵白2個、卵黄1個）を回しかける。

**8** 卵が半熟程度になるまで火が通ったら火を止め、リゾット風ご飯に卵黄1個とともにのせて出来上がり。

## コンソメスープでご飯をリゾット風に。半熟卵を鶏ももにしっかりからめて

**店**名は「わとりばーる」と読む。心斎橋から歩いて数分の場所にある人気の鶏料理店だ。店は狭い。

1階は椅子を引いたら後ろを人が通れないカウンターが9席、2階は4人掛けのテーブルが4つ。営業は夕方の5時から夜明けの5時まで。年中無休。主人の広瀬和彦と3人の従業員は壮絶かつ過酷な営業体制で働いている。

広瀬は頭をモヒカン刈りにして、そのうえ髪の毛の先端を金色に染めている。しかし、パンクロックの愛好家ではない。

「鶏料理店らしく、にわとりのトサカをイメージしたヘアースタイ

ルにしています」

　いかにも物騒な外見だけれど、物腰は穏やかである。

　そして広瀬は、まかないは自分たちでつくると決めている。

　現在は若い従業員にまかせているが、写真にあるリゾット風親子丼は彼が考えたまかないで、あまりに評判がよかったので、系列店のメニューに載せた。すると、普通の親子丼と肩を並べるくらい、よく出る人気メニューになったのである。

　広瀬は元々、プロのオートバイレーサーを目指していたのだが、20歳の時に断念した。

　それで、料理人へとハンドルを切ったのだが、初めて修業に入った店は神戸の三宮にあるかつ丼だけの店「吉兵衛」だった。

「カウンター15席しかないのに、一日に700食もかつ丼が出るんです。一日中、かつを卵とじにしていました」

　吉兵衛は卵とじかつ丼とソースかつ丼の2種類しか置いていない。それでも、毎日、客が詰めかけてくる。メニューが多ければ人がやってくるわけではない。

　吉兵衛で卵とじの技術を習得した後、広瀬は「料理を一から勉強しよう」と辻調理師学校に入った。卒業後は心斎橋の懐石料理「桝田」、東京は銀座の和食店「わだ家」で働き、2011年の9月、独立してWA鶏BARを出した。

　この店の看板料理は焼き鳥なのだが、串に刺して焼いたものではない。ピンク色をした岩塩プレートをガスで熱し、その上に鶏肉を載せて焼いたものだ。

　岩塩プレートで焼くと天然の塩味がつき、しかも、余分な脂はプレートが吸い取ってしまう。ヘルシーで薄い塩味の焼き鳥が出来上がった。

　店で出したとたん評判となり、WA鶏BARは予約の取れない店になったのである。他にもだし巻き卵、手羽元の肉じゃがなどがリーズナブルな値段で楽しむことができる。

WA鶏BAR
大阪府大阪市中央区東心斎橋2-5-7
TEL06-4708-9040
2011年にオープンした、大阪ミナミの玉屋町筋と八幡筋が交差したあたりの路地裏にある鶏料理店。夜のみ営業。コースは3000円～。

さらにもうひと品

## リゾット風焼き鳥丼

［材料1人分］
- 残りご飯……160g
- コンソメスープ……水30mℓとチキンコンソメ2gを混ぜた量
- 塩、胡椒……各適量
- 生クリーム……25mℓ
- 鶏もも肉……100g
- キャベツ……10g
- 玉ねぎ……⅛個
- 焼き鳥のたれ（醤油、味醂、酒各大さじ1、砂糖大さじ½、胡麻少々をひと煮立ちさせたもの）……適量

［つくり方］
1 鶏もも肉は一口大に切り、皮目を焼いておく。
2 残りご飯を鍋に入れ、コンソメスープと生クリームを注ぎ、中火で温める。
3 煮立ったら、塩、胡椒で味を整える。
4 米がふやけて柔らかくなり、少し煮詰まって水分が少なくなったらリゾットは出来上がり。
5 キャベツはざく切りにし、玉ねぎはスライスする。
6 フライパンで5の野菜を強火で炒め、しんなりしたら焼き鳥のたれを回しかける。
7 6をリゾット風ご飯にのせたら出来上がり。

# 野菜の皮の卵とじあんかけ丼

◉祇園 川上（日本料理／京都・祇園）

［材料9人分］

- かぶらの皮……9個分
- 大根の皮……3本分
- 京人参の皮……4½分
- 卵……9個
- 片栗粉……適量
- だし汁……700mℓ
- 醤油、味醂……各100mℓ
- 砂糖……少々
- ご飯……適量
- 菜の花、刻み海苔……各適量

［つくり方］

1 野菜の皮をせん切りにした後、片栗粉をまぶす。
2 さっとゆでたら冷水に取り、水気を絞る。
3 だし汁に、醤油、味醂、砂糖を加えて沸かす。
4 3に野菜の皮を入れ、卵でとじる。
5 丼にご飯を盛り、野菜の皮の卵とじをのせる。
6 鍋に残っただし汁に水溶き片栗粉を加え、あんかけにして、丼の上からかける。
7 ゆでた菜の花をのせ、刻み海苔をかけて出来上がり。

## 野菜の皮を卵でとじる。あんをかけて上品な味わいに

和食の店、川上は祇園の花見小路よりも一本西側の通りに入り口がある。石畳の小路は打ち水がしてあり、時に舞妓、芸妓が行き交う。白衣を着た少年が岡持ちを持ってお茶屋へ急ぐ。いかにも京都らしい佇まいである。そして、戸を開ける。白木のカウンターがある。壁には吉田神社の絵馬が飾ってある。客は都言葉で話をしている。これまた、京都の気配が漂う。

そして、まかないだって京都風だ。主人の加藤宏幸はその内容を説明する。

「京人参、かぶら、大根の皮を使ったあんかけ丼と、うどの穂先のきんぴらです。うちは京野菜をたくさん使いますから、どうしても皮やヘタが余ってしまう。もったいないから、それを使って僕らが食べるもんをつくるんです」

従業員は8人。加藤も含めて全員が調理を担当し、サービスもやる。1階はカウンターが10席で、2階には4人から6人で使える座敷が三つ。他に別館もある。また、京都の祇園ならではの仕事としてお茶屋への仕出し料理もある。たくさんの仕事があるから、9人の料理人は立ちっぱなし。腰かけるのは、まかないを食べるときくらいだ。午後3時になると、みんなで一緒に食卓を囲む。

「あんかけ丼のように、ご飯の上におかずをのせて食べることが多い。まかないだからと言って、いいかげんなものはつくりません。盛りつけも大切ですし、季節感も重要。あんかけ丼の上に菜の花を置いたのは季節感が出るから。それだけで食欲がわくでしょう」

あんかけ丼の具は野菜の皮だけである。油も使わないから低カロリーのヘルシーメニューだ。家庭でつくるときは野菜の皮だけでなく、中身も入れるといいだろう。できれば京人参を使ってほしい。京人参の鮮やかな赤があんかけ丼を美しく装う。

川上はチャレンジングな店だ。たとえば、冬のメニューには、フグのあらとごぼうを粕汁に仕立て、粉山椒で食べさせる一品がある。ぬたに芽キャベツを入れた前菜もある。

もし京都以外の京料理店でそういった革新的なメニューを出したら、その店は京料理とは呼ばれなくなるだろう。創作料理の一つと思われるに違いない。

しかし、私は思う。京都の伝統を支えてきたのは変化を恐れない精神だ。京都はつねに新しいものをとり入れて伝統の中に組み込んできた。

伝統は同じことを墨守しているだけでは受け継ぐことはできない。革新的な人間が新しいタッチを付け加えていくからこそ守られる。

祇園 川上
京都府京都市東山区祇園町南側570-122
TEL075-561-2420
カウンター 10席に、個室が本館と別館合わせて7部屋。食材と要望に応じた料理を楽しめる。昼は弁当3990円、懐石5250円～。夜は懐石1万3650円～。サービス料10%。

さらにもうひと品

## うどの穂先のきんぴら

［材料9人分］
- うどの穂先……9本分
- だし汁……150mℓ
- 醤油……100mℓ
- 酒……150mℓ
- 砂糖……大さじ2
- 胡麻油……少々
- 赤唐辛子、粉山椒……各適量
- 酢……適量

［つくり方］
1 うどの穂先の皮をむく。笹うち（斜め細切り）した後、酢を入れた水に放してアクを抜く。
2 フライパンに胡麻油を熱し、うどと赤唐辛子入れ、さっと炒める。
3 だし汁と酒、砂糖、醤油を加えて、うどを煮詰める。
4 汁気がなくなったら、粉山椒をふって出来上がり。

# 牛切れ端肉の大和煮丼

●由布院 玉の湯（旅館／大分・由布院）

［材料7人分］

- 牛肉の切れ端……2kg（多くてもOK）
- 生姜……中4片
- 麦焼酎……720mℓ
- 砂糖……3カップ
- 味醂……400mℓ
- 醤油……400mℓ
- 水……3ℓ
- ご飯……適宜
- 温泉卵……7個
- 煎り胡麻……適宜

［つくり方］

1 牛肉の切れ端は2cm角に切る。生姜は薄切りにする。

2 鍋に麦焼酎を入れて沸かし、アルコール分をとばし、1を加えて中火で煮る。

3 肉に火が通ったら水を入れ、さらに煮る。

4 アクが浮いてきたら丁寧に取る。

5 アクが出なくなったら、砂糖、味醂の順に入れて煮る。醤油を加え、全体に味がしみ込んだら火を止める。

6 ご飯に5を適量盛って、温泉卵をのせ胡麻をふったら出来上がり。

## 牛肉の切れ端を大きめにカット。食べごたえ十分のごちそう丼

由布院の旅館、玉の湯の客室は全17室。部屋の造りは、いずれも二間以上で、玄関の上がり框《かまち》、廊下も広い。まるで「庭付きの一戸建て住宅に越してきた」気分になる。それくらい、ゆったりとした造りだ。

　総料理長は山本照幸。玉の湯に勤めて34年目である（2013年に定年となったが、現在も週に1～2回、フロントに立っている）。「私が入社した頃、由布院は山の湯治場のような雰囲気で、この宿も夕食は地元の野菜を使った田舎料理を出して、民宿のような感じでした」

　その後、由布院は人気の温泉地

となる。玉の湯は、地産地消の理念のもと、豊後牛、豊のしゃも、安心院のすっぽん、関アジなどを料理に取り入れ、料理研究家、辰巳芳子さんの指導も受けた。そうして現在のような、素朴だが海や山の食材を豊富に使ったオリジナル料理となった。

　では、まかないは……。

「食べるのは午後8時から。9人の料理人が調理場で3人ずつ交代で食べます。昼はまかないはありません。正午から午後3時までが休憩なので、弁当を食べたり、家に戻って食べたり。働いているのは地元の人間ばかりで、自宅もそれほど遠くないのです」

　まかないの担当は新人である。山本は「好きなものをつくれ」と言って、やらせてみた後、味つけや調理について指導していく。

「旅館のまかないのいいところは、肉でも野菜でも、材料がたくさんあること。毎日、食べるものですから、突飛な料理はつくるなとだけ言っています。まかないは料理人にとっては勉強ですからね」

　玉の湯のまかないは贅沢である。豊後牛の大和煮はA5の豊後牛の塊を地元産の麦焼酎で煮たもの。麦焼酎を使うのは、肉の臭みを消すためだ。日本酒でも代替可能だが、地元産の麦焼酎で地産地消に徹している。

　まかないでは、この大和煮をご飯にのせて牛丼にする。肉は薄切りではなく2cm角のもの。それが丼に10個以上、隙間なくのっている。ご飯が見えない。しかも、温泉茹で卵が肉の上でぷるるんとふるえている。

「牛肉も卵も余り物です。牛肉はお客様にはお出しできない筋や脂の部分だったり、ステーキで切り落とした端っこだったりします」

　付け合わせは野菜スープ。味つけは少量の塩だけ。野菜スープを大量につくっておけば、余りをホワイトシチューやカレーにできる。便利で応用の利くまかない料理だ。

由布院 玉の湯
大分県由布市湯布院町
湯の坪
TEL0977-84-2158
旅館には宿泊客でなくても食事ができる「山里料理 葡萄屋」がある。「ティールーム ニコル」ではティータイムを、「ニコルズ バー」ではバータイムを楽しむことができる。

さらにもうひと品

## 野菜スープ

［材料7人分］

- 玉ねぎ……1個
- にんじん……1本
- じゃがいも……5個
- セロリ……2本
- 牛肉の切れ端……300g
- 塩……小さじ2
- ローリエ……1枚
- 水または湯……1.4ℓ
- パセリ……適量
- 胡椒……少々
- サラダ油……適量

［つくり方］

1 野菜を適当な大きさに切る。
2 鍋にサラダ油をひき、玉ねぎを弱火で炒めていく。
3 玉ねぎの色が変わったら、にんじん、セロリ、じゃがいもと硬いものから順に入れて炒める。
4 鍋に水とローリエを加えて、火にかける。アクは丹念に取る。
5 アクが出なくなったら塩で味を調える。
6 フライパンで肉を炒め、火が通ったら5の鍋に投入し、全体がなじんだら出来上がり。
※すぐに食べるよりも少しねかせたほうがおいしい。食べるときは刻んだパセリをのせ、胡椒をふる。

# マグロのピリ辛づけ丼

●すし処 美旨（寿司／静岡・熱海）

［材料1人分］

- マグロ切り身 …… 50ｇ
- ご飯（寿司飯でも、白飯でもどちらでもいい） …… 丼1杯
- 焼き海苔、辛味大根（すりおろす）、貝割れ、青じそ、醤油、島唐辛子（泡盛漬け） …… 各適量

［つくり方］

**1** 泡盛に漬かった島唐辛子を瓶から取り出し、みじん切りにして醤油と合わせる。瓶の中の泡盛（分量外）もごく少量加える。

**2** マグロの切り身を、1の醤油にくぐらせる。辛いのが好みなら漬けておいてもいいが、せいぜい5分程度にしたほうがいい。

**3** ご飯を丼に盛り、海苔を敷く。その上にマグロを並べ、辛味大根と貝割れ、青じそをのせて出来上がり。

## づけはづけでも島唐辛子入りのたれにくぐらせる。これまた絶品

**寿**司屋はまかないの宝庫と言っていい。寿司屋は和食店、フランス料理店、ホテル、旅館に勝るとも劣らないほどさまざまな材料を使っている。鮮魚、卵、海苔、大根、海藻、干し椎茸、かんぴょうなどの乾物類。これだけあれば洋食でも中華でも、むろん和食でも、なんでもバラエティーに富む料理をつくることができる。あ、ただし、寿司職人に熱意がなくてはダメだ。

研究熱心な寿司職人は寿司飯炒飯を常食していない。毎日、工夫したまかないを食べている。美旨《みよし》の主人、三浦新二もそうだ。

美旨はカウンターと小上がりだ

けの店。寿司を握るのも彼一人。まかないは営業が始まる午後3時前に、一人で食べることが多い。

なお、研究熱心なうえに彼は勤勉である。開店から21年間、鮮魚を仕入れるために築地まで通っている。2日に一度は朝の4時に起きて東海道線の始発に乗り、仕入れに出かけていく。

「地の魚もいいけれど、やっぱり、マグロ、白身魚は築地が一番」と信じているからだ。

そんな彼のまかないレパートリーは多い。極めつきは伊勢海老を使ったスープパスタ。だが、上質の伊勢海老が獲れたときだけの幻のメニューだから、彼でさえもこれまでに数回しか口にしていない。

しかし、幻メニューの話をする前に彼がよく食べているものから紹介しよう。

「マグロの筋の塩焼き」

マグロの筋のところ、もしくはお腹のところを手に入れて、塩をして、グリルで焼く。フライパンはダメ。水っぽくなってしまう。

赤身は焼いたら硬くなってしまうし、トロは刺身で食べたほうがいい。脂の多い筋を焼くと、くるくる丸まってしまうけれど、今までに体験したことのないマグロの香ばしさと甘味が口の中に広がる。

主人のひとこと。

「筋や骨のところは普通、すき身にしてお客さんに出してしまうから、残ることはない。でも、時々、これが食べたくて私はわざと残しています」

美旨では握りでづけを出すこともあるけれど、その場合は島唐辛子ではない。わさびを使う。島唐辛子がいいからと、何でもかんでも使われると困る。

「きゅうりとわかめの酢の物」

どこにでもあるものだけれど、味は凡百のそれとは違う。きゅうりを蛇腹に切るだけで、見た目もいいし、三杯酢を含む割合も増える。海老、タコを追加するだけで、客に出しても恥ずかしくない一品になる。

当たり前のメニューなのに、凡百のものとは違う。こうしたまかないを、三浦はいつも一人で食べているわけである。

すし処 美旨
静岡県熱海市昭和町13-1
TEL0557-82-5469
にぎり一人前5250円～。酒肴、季節のお造り、にぎりのおまかせ料理1万2600円、1万5750円、1万8900円などがある。カウンター6席、座敷あり。予約が望ましい。

さらに
もうひと品

## きゅうりとわかめの酢の物

［材料1人分］

- きゅうり……½本
- わかめ……適量
- 塩、三杯酢……各少々

［つくり方］

1 わかめを一口大に切る。
2 きゅうりに塩をふって、10分ほど置いたら、蛇腹（両側から斜めに細かく切り目を入れる）に切る。
3 小皿にきゅうりとわかめを盛り、三杯酢をかける。

# マグロのユッケ丼

◉一寛（日本料理／東京・水天宮前）

［材料1人分］

- マグロ
  （切れ端や筋の多いところでOK）……100ｇ
- 温泉卵……1個
- ねぎ（刻んだもの）、
  茗荷（刻んだもの）……各適宜
- 切り胡麻、刻み海苔……各適宜
- わさび……適量
- ご飯……丼1杯
- 胡麻油……適量
- たれ（酒、味醂、醤油1:1:1を合わせて火にかけ、アルコールをとばしたもの）……50mℓ

［つくり方］

1 マグロは出刃包丁で叩く。無理に小さくしようとしないで、適当に。
2 丼に温かいご飯を盛り、胡麻油を垂らす。
3 2に1で叩いたマグロをのせ、真ん中に温泉卵を置く。
4 ねぎ、茗荷、胡麻、海苔、わさびをちらし、上からたれをかける。

## マグロの切れ端や筋の多いところを出刃包丁で叩くだけ。薬味たっぷりが◎

早川寛次郎は東京・赤坂の名店、津やまで16年修業し、5年前に東京・水天宮に一寛を開業した。料理をつくるのは彼一人。手伝うのは妻、彼の母、そして、パートの従業員である。

もし、彼の店が赤坂や六本木にあるとしたら、一人あたり最低でも1万5000円はかかるだろう。家族総動員でやっており、しかも、彼が朝から晩まで働いているからリーズナブルな料金でやっていける。

客席は20席ある。一寛はコースで4500円からという破格の料金でやっているので、たいていは満席になる。すると、20人分の仕込みを一人でやらなくてはならない。時間はいくらあっても足りないのである。

「まかないの材料は残り物です。調理時間は3分以内。食べるのは5分。何か食べようかなと思いついてから10分以内に私の食事は終わっています」

一寛は土曜と日曜は休んでいる。しかし、休みの日であっても、早川は店にやって来て、時間のかかる仕込みをする。

「日曜日だけは私が家族に朝ご飯をつくります。冷蔵庫のなかにあるものを利用して味噌汁をつくり、あとは、ご飯、納豆、卵焼き。おいしいです。1週間に一度だけの贅沢です」

彼を見ていると、働くことは美しいと感じる。毎日、家族のために身を粉にして働くお父さんは実に美しい。

一寛
東京都中央区日本橋蛎殻町2-5-3
TEL03-3639-8211
2007年に開店。コースは3種類あり、4500円～。

## Part.5

# 技あり！ガツンと旨いカレー

# ビール煮込みのほろ苦カレー

◉ORAE（地ビール工場併設レストラン／秋田・田沢湖）

［材料7人分］

- ビール（あれば酵母の生きているもの）……2ℓ
- 牛塊肉……700ｇ
- じゃがいも（一口大）……3個
- 玉ねぎ（薄切り）……3個
- にんじん（乱切り）……3本
- 好みのカレールウ……7人分
- サラダ油……適量
- ご飯……適量

［つくり方］

1 牛肉を一口大に切って、ビールの中に3時間ほど漬け込む（ここで使うビールの量は牛肉がひたひたになるくらい）。
2 肉を引き上げてサラダ油で炒める。
3 肉に火が通ったら、じゃがいもと玉ねぎ、にんじんを加えて炒める。
4 最後にビールを入れて煮込む（牛肉を漬け込んだビールも、もちろん入れる）。
5 30分ほど煮込んだら、最後にカレールウを入れて仕上げ、ご飯とともに器に盛る。

## カレーはほろ苦、肉は柔らかくてコクも出る。ビール煮込みの妙

まかない料理の基本は、安価な食材で、早くつくれて、しかもおいしい。だから、家庭でも簡単につくることができるというもの。しかし、三拍子揃っていても、なかなか家庭では真似のできない料理がある。

秋田県の田沢湖畔にあるO《オ》RA《ラ》E《エ》。地ビール工場に付属したレストランだ。同工場で醸造しているオリジナルのビールは全国酒類コンクールで何度も入賞しており、2009年、2011年には特別賞や優秀賞を獲得している。

ORAEの店内からは田沢湖が見える。ビールの醸造釜も見える。眺めはよく、空気はおいしい。労働環境がいいから、働いている人たちも機嫌がいい。機嫌のいい人にサービスされて、造りたてのビールを飲むのは至福である。

ORAEのビールは生ビール、瓶ビールともに火入れも濾過もしていない。酵母が生きている、ライブビールである。瓶ビールは取り寄せることができるけれど、生ビールは秋田の田沢湖畔まで行かないと飲めない。働く人たちはそこでしか飲めないライブビールを使ったまかない料理を食べている。

さて、ビヤホールでウオッチしていると気づくと思うが、サーバーから生ビールを注ぐ時、最初に出した分は捨てている。ガス圧を調整している間の生ビールは客には出せないのだ。気が抜けていたり、炭酸ガスが強すぎたりするので、捨ててしまうのである。ただし、ビールはビールである。考えてみれば実にもったいない。

ORAEは客席が100もある大型店で、年間に4万2000人もの客がやってくる。子供をのぞいて全員が生ビールを飲む。当然、捨てざるを得ない生ビールがたくさんできる。同店を運営する会社の社長、門脇博之はせっかく苦労して造ったビールを捨てることが忍びなかった。そこで、考えた末に従業員の食事に利用することにしたのである。

門脇は言う。

「ビールだけでカレーをつくります。水は一切、入れません。うちのビールは酵母が生きている。硬い筋肉を漬け込んでおくと、酵母の働きで柔らかくなるんです。出来上がったカレーの味はほろ苦い。しかし、肉は柔らかくなっているし、コクが出ます。お客さんから『オレも食べたい』と言われるのですが、毎日、つくるほどの量はできないのです」

私も食べてみたけれど、これまでのカレーとはまったく味が違う。苦さよりもコクを感じる。そして、酵母の働きなのか、それともビール自体の力なのか、スパイスの香りが立つ。これまでに食べたどんなカレーともまったく違う味がした。市販のビールでつくっても、それなりの味に仕上がる。

ORAE
秋田県仙北市田沢湖田沢字春山37-5
TEL0187-58-0608
定番ビール〝風そよぐピルス〟、秋田こまち米を使って仕込んだ〝こまちラガー〟などの自家製ビールと、地元でとれた旬の食材でつくるメニューが楽しいビアレストラン。

さらにもうひと品

## オニオンスライス丼

［材料7人分］
- 玉ねぎ……2個
- 卵黄……7個分
- 醤油、酢……各適量
- ご飯……適量

［つくり方］
1 玉ねぎを薄くスライスして水にさらす。
2 丼に盛ったご飯の上に玉ねぎを敷きつめ、真ん中に卵黄を置く。
3 食べるときに、醤油と酢を黄身にかけて、混ぜ合わせる。
※好みでひきわり納豆を加えてもおいしい。

# とんこつカレー2色盛り

◉博多一幸舎 慶史（とんこつラーメン店／福岡・大濠公園）

［材料1人分］
- にんにく、生姜……各5g
- 玉ねぎ……¼個（50g）
- チャーシューの切れ端……100g
- とんこつスープ……200㎖
- 水……100㎖
- カレールウ……80g
- インスタントコーヒー、ラーメンのたれ……各少々
- 中華生麺……100g
- ご飯……適量
- ラード（サラダ油でも可）……適量

［つくり方］

**1** にんにくと生姜をみじん切りに、玉ねぎは粗みじんにする。

**2** 鍋にラード少々をひき、にんにく、生姜を炒めてから、玉ねぎを加える。

**3** 玉ねぎがしんなりしたら、チャーシューを入れる。

**4** 鍋にとんこつスープと水を注ぎ、沸騰したら、カレールウを溶かして入れ、インスタントコーヒー、ラーメンのたれを加える。これでカレーは出来上がり。

**5** 麺をゆでて冷水で締めたら、器にご飯と一緒に盛り、上から熱々のカレーをかける。※好みで辛子高菜をのせてまぜながら食べてもおいしい。

## まかないは斬新なアイデアが命。ラーメンのスープでカレーが深い味に

博多一幸舎は創業してから10年。福岡を本拠とする、とんこつラーメンのチェーンで、国内に10店舗、海外（中国、台湾、ベトナム、インドネシア、シンガポール、オーストラリア）に18店舗を持つ。味の特徴はスープがクリーミーで、脂がギラギラしていないこと。そして、麺が製麺業者から買ったものでなく、自社工場でつくっていることだろう。

ラーメン店の特徴と言えば、スープの製法が語られることが多い。しかし、ラーメンという食べ物の主役は麺だ。麺がまずければ、いくらスープが上質でも、おいしいラーメンにはならない。聞けば、同社はまだ店舗が3つしかなかった頃に自社の製麺工場を建てた。いまではほかのラーメンチェーンにも麺を卸すまでになっている。

　同社代表の入沢元は言う。

「ラーメンはスープと同じくらい、麺が重要です。特に博多ラーメンは替え玉をするでしょう。博多の人間は麺が好きなんです。うちの麺を食べてみてください。上質の小麦粉を使ってますから、食べ比べればすぐにわかります。また、自社工場ですから、さまざまな麺を試作できる。太い麺、細い麺、コシがあるものやないもの……。いつも新しい味の麺を研究しています」

　同チェーンの一つ、博多一幸舎 慶史は地下鉄大濠公園駅のそばにある。とんこつラーメンもあるけれど、つけ麺が中心の店だ。

　博多一幸舎 慶史の営業時間は午前11時から午後11時。3人の社員、2人のアルバイトが交代でラーメンをつくり、サービスする。まかないを食べるのは客が少なくなったアイドルタイムで、一人ずつ手早くすませる。たいていは店で出しているラーメンをつくって食べるが、毎日、ラーメンばかりでは飽きてしまう。そこで、店長の千葉光が時々、まかないメニューを考え、従業員に教えるようになった。千葉は埼玉生まれ。独身、44歳。

「最近、考えたメニューが二つあります。とんこつラーメンのスープを使ったカレー。それから、野菜をたくさん食べるためにつくった焼きラーメンです」

　とんこつカレーは5分でできる。しかし、一口食べると、長時間煮込んだものだと感じる。それはひとえにとんこつスープのおかげだ。8時間煮込んだスープがベースになっているからカレーにコクが生まれる。

　また、焼きラーメンは炒めることでスープを麺に含ませたもの。麺を油で炒める焼きそばではない。同チェーンの中洲店ではメニューに載せている。

　千葉曰く「手際よくやることがコツ。麺や野菜が焦げないようにとにかく手早く」

博多一幸舎 慶史
福岡県福岡市中央区
大手門3-7-6
TEL092-761-7664
正式な店名は「博多一幸舎 慶史」の後に、「こちら大濠公園駅 徒歩3分店」と続く。醤油つけ麺750円、豚骨ハイブリッド ラーメン650円など。

さらに もうひと品

## 焼きラーメン

［材料1人分］

- きくらげ……少々
- 豚バラ肉……20g
- もやし……½袋
- キャベツ……⅛個
- 玉ねぎ、にんじん……各20g
- とんこつスープ……180㎖
- ラーメンのたれ……少々
- 中華生麺……100g
- 万能ねぎ……少々
- ラード（サラダ油でも可）……適量

［つくり方］

1 きくらげを水で戻しておく。
2 フライパンにラード少々をひき、豚バラ肉ともやし、好みの大きさに切ったキャベツ、玉ねぎ、にんじんを入れて炒める。
3 炒めた肉と野菜に、とんこつスープとラーメンのたれを加えて、火にかける。
4 生麺を硬めにゆでた後（冷水で締めたりせず）、そのままフライパンに入れる。
5 続いて一口大に切ったきくらげを加えて、フライパンの水分がなくなるまで炒める。
6 皿に盛りつけた後、小口切りのねぎを散らす。

# トマト煮カレー風味

●チェントロ（イタリア料理／名古屋・高岳）

［材料3～4人分］

- 玉ねぎ……1個
- セロリ……1本
- にんにく……2片
- 生姜……1片
- トマト……300g
- 豚バラ肉……300g
- サラダ油……適量
- カレー粉……大さじ1

［つくり方］

1 玉ねぎ、セロリは一口大に切る。

2 鍋にサラダ油をひき、みじん切りにしたにんにく、生姜とともに1を炒める。

3 玉ねぎがしんなりしたら、豚バラ肉、ざく切りにしたトマトを入れる。軽く混ぜた後、カレー粉を入れる。

4 混ぜ合わせながら、全体的に火が通ったら出来上がり。

## 余った野菜はカレーに。残ったパスタはキッシュに変身！

イタリアンレストラン、チェントロは名古屋の地下鉄高岳駅から歩いて5分。まわりは寺が散在する静かな住宅地だ。オーナーシェフは福住哲幸。

チェントロの料理における特徴はパスタをゆでるのに圧力鍋を使うことだろう。

食べてみたけれど、圧力鍋でゆでたパスタはひと味違う。近頃、アルデンテという概念を誤解して、半ゆでの芯が硬い乾麺パスタが出てくることがある。しかし、乾麺の半ゆではキビしい。

チェントロのそれはちゃんとゆでてあって、歯ごたえのあるもちもちした食感が残っている。本来のアルデンテとは歯ごたえがあるということだ。芯が残っているとかなんとかはさほど関係ない。アルデンテという概念を日本に紹介した伊丹十三さんなら、「そうだ。お前の言うとおりだ」と賛同してくれるだろう。

　さて、チェントロではまかないは午後の3時から4時頃に食べる。残った食材を工夫して、料理に仕立て上げる。

　そして、なんといっても、「手間とカネをかけない」のが福住のまかない哲学だ。

　しかし、「パスタが残る」とはどういうことなのだろうか。「残り物のパスタ」と聞くと、（何？　客の食べ残しをかき集めたのか）と想像してしまうけれど、そんなわけはない。

「お客様がコースを注文されるとします。前菜、第一のパスタを出していて、次のパスタをゆでていたら、『それを食べたらメインが入らないから、もういらない』と言われることがあるんです。でも、ゆでてしまったものはほかには出せないし、捨てるのはもったいないから、冷蔵庫で保存して、翌日のまかないに回します」

　残りパスタはのびているから、あたためてソースをかけてもおいしくない。そこで、グラタンというかキッシュのようにして食べる。

「パスタをボウルに入れて、そこに卵、牛乳、生クリームを適量加えます。卵は多めに。混ぜ終わったら熱したフライパンに入れて火を通す。その後、チーズをどっさりかけてオーブンへ。上が焦げるまでしっかり焼きます」

　パイのように焼きあがったパスタのキッシュはチーズの香りが食欲をそそる。私が食べたまかないのなかでも、相当、おいしいものだった。

　家庭で残りパスタのキッシュをつくるとしたら、つくりすぎたマカロニサラダの残りを活用することだろう。たとえば、スーパーで買った惣菜のマカロニサラダが残ったとする。そこに卵、牛乳、生クリームを混ぜてフライパンにのばして両面を焼く。片面には粉チーズを山ほどふりかけておく。それで十分だ。残ったポテトサラダで応用してもいいだろう。

チェントロ
愛知県名古屋市東区泉2-4-13
TEL052-933-0102
名古屋の老舗イタリアン、ウィンクルで修業した福住シェフが2000年にオープンさせた店。

さらにもうひと品

## 残りパスタのキッシュ

［材料1人分］
- 残ったパスタ……適量
- 卵……1個
- 牛乳……30mℓ
- 生クリーム……20mℓ
- チーズ……適量
- オリーブ油……適量

［つくり方］

1 パスタをボウルに入れて、そこに卵、牛乳、生クリームを加えて混ぜ合わせる。

2 オリーブ油をひいて熱したフライパンに入れて中火で焼く。

3 その後、チーズをどっさりかけてオーブンへ。表面が焦げるまでしっかり焼いて出来上がり。

# ビーフカレー

◉光玉（中国料理／神奈川・湯河原）

［材料4人分］

- 牛もも肉（もしくは牛すね肉）……400ｇ
- 小麦粉……適量
- 牛脂（なければバターでも可）……適量
- にんじん……3本
- じゃがいも……5個
- 玉ねぎ……3個
- 中華のスープ（鶏ガラスープでOK）……約600㎖
- カレールウ……4人分

［つくり方］

1 牛のもも肉を3㎝大の角切りにし、小麦粉をまぶす。鍋を中火で熱し、牛脂を入れて肉を炒める。

2 肉に焼き目がついたら、にんじん、じゃがいも、玉ねぎも牛脂で炒める。

3 野菜に軽く火が通ったら、野菜を取り出し、まず肉のみに中華のスープを加えて煮込む。

4 30〜40分煮込んだら、鍋に野菜を戻しカレールウを溶いて加え、かき混ぜて味がなじんだら出来上がり。

## スープをとって煮込めばいつものカレーがグッとおいしく

湯河原にある光玉。どこにでもよくある中華そば屋である。

「光玉のチャーハンは絶品」「とんかつもうまい」「酢豚のような甘酢を使ったおかずは日本一」「ワンタンも日本一」「まかないのビーフカレーも旨いらしい」……。光玉を手放しでほめまくるのは小松秀彦。湯河原の高級旅館「石葉」の社長である。

カウンター9席で、昼の11時30分から夜の8時まで通しで営業している。シェフというか主任調理人は朝見玉枝、サブ調理人は店の主人、朝見英雄。麺をゆでるのは息子という家族経営の店だ。

では、まかないのビーフカレーとは、一体どんなカレーなのか？

店のメニューにもカレーライス（７００円）はある。しかし、それは豚肉と玉ねぎが入った即席でつくったカレー。英雄に言わせれば「ビーフカレーはおいしい。でも、具が多いから店で出したら１５００円くらいになっちゃう。ラーメン屋で１５００円もカレーに払う客はいないよ」とのこと。

確かにその通り。この不景気に１５００円もの昼食代を払えるのは金持ちだけだ。

結局、我々が家庭でつくるカレーとの最大の違いはスープベースにある。自宅でも、カレーを煮込む際、水でなく、ちゃんとスープをとり、それで煮込めば専門店にも負けない味のカレーができる。光玉では牛肉、野菜が柔らかくなったら、ふたたび大量の野菜を足して煮込む。だからビーフカレーは野菜の甘みたっぷりになる。

光玉
神奈川県足柄下郡湯河原町宮上453
TEL 0465-63-5744
湯河原で店を構えて25年。長年愛されている街の中華そば屋。

Part.6

# 至福の炒飯、ピラフ、オムライス…

# しば漬け炒飯

●祇園 なか花（ふぐ料理／京都・祇園）

［材料2人分］

- ●レタス……¼個
- ●白ねぎ……½本
- ●卵……3個
- ●だし……90㎖
- ●しば漬け、たくあん……各20ｇ
- ●バター……少々
- ●ポン酢、醤油、味醂を同量で合わせた調味料……適量
- ●塩、胡椒……各適宜
- ●ご飯……茶碗2杯
- ●サラダ油……適宜

［つくり方］

1 しば漬けとたくあんは細かいみじん切りにする。
2 卵を溶いてだしを加え、そこに1を加えてサラダ油をひいてフライパンで焼き、だし巻き卵をつくる。
3 だし巻き卵を薄切りにする。
4 レタスは適当な大きさにちぎる。白ねぎはみじん切りにする。
5 フライパンにバターをひいて熱し、レタスと白ねぎを炒める。
6 レタスがしんなりしたら、ご飯を入れる。
7 フライパンの中でご飯がほぐれてきたら、塩と胡椒をふり、味を調える。
8 その後、ポン酢、醤油、味醂を同量で合わせた調味料で味をつける。
9 炒飯を器に盛り、その上に3のだし巻き卵を並べる。

## 炒飯の上に だし巻き卵!? 程よい酸味が たまらない

ふぐ料理店のまかないを考えた場合、関心の的はたった一つ。

「ふぐが残ったら、みんなで食べるのか」

ふぐ料理店では高価な材料をアルバイト従業員にも、食べさせているのだろうか？

「いいえ、ふぐはお客様だけです。私だって、食べません。ごくたまに、端っこを口にできる機会もありますけど……」

歯切れの悪い答えをするのは京都、祇園のふぐ料理店、なか花の主人・中鼻良一である。「なか花」は2012年7月にオープンした。祇園の一力茶屋の裏にあり、石畳の路地に面している。ふぐと鱧の専門店で、ふぐは一年中出しているが、鱧は夏場だけ。

外観はいかにも高そうに見える。しかし、ふぐコース（湯引き、てっさ、てっちり、雑炊、フルーツ）は5600円からと、リーズナブルな店だ。

「みんなで食べるのは野菜ばっかり。夏は鱧しゃぶを出しているのですが、しゃぶしゃぶに入れるのは鱧のほか、レタス、白ねぎ、玉ねぎ、えのき。鱧のだしでレタスをさっとゆでて食べます。シャキシャキしてておいしいんですよ。レタスはたくさん仕入れてますから、必ず残る。夏場は毎日、レタスを食べてます。

冬はてっちりで使った野菜の残りを食べてます。白菜、菊菜、豆腐、湯葉、くずきり……。冬は白菜と豆腐が主です。私はレタスも白菜も豆腐も大好きだから、ふぐを食べなくとも全然、問題ありません。まかないでふぐを食べていたら、店はつぶれます」

なか花のまかないの人気ナンバーワンは、しば漬け炒飯。しかし、炒飯と聞いて想像するものとはまったく違う。しば漬けを炒めたものではない。

「しば漬けとたくあんは細かいみじん切りにします。それをだしを入れた溶き卵に混ぜる。つまり、しば漬けを入れた、だし巻き卵をつくるわけです。しば漬けが入ると焦げやすくなりますから、ふつうのだし巻き卵を焼く時よりも油は多めにしてください」

しば漬けが入った、だし巻き卵ができたら、薄めに切って炒飯の上にのせる。つまり、だし巻き卵をのせた炒飯丼といった外観になる。

一口食べた。これまで食べた、どの卵焼きとも違う味だった。しば漬け入りだし巻き卵だけをおかずに白いご飯を食べてもいいと思った。卵がしば漬けのすっぱさを緩和する。子供も好きだろうし、きれいな色だから弁当のおかずにもなる。しば漬け入りだし巻き卵は中鼻良一の大発明だと思う。

祇園 なか花
京都府京都市東山区
祇園町南側570-190
TEL075-551-8629
2012年にオープンしたふぐと鱧の専門店。ふぐコース5600円～。

さらにもうひと品

## ふぐ丼

［材料3人分］

- ふぐの余った身……少々
- 白ねぎ……½本
- レタス……¼個
- 万願寺唐辛子……1本
- あさつき（長さ2cmに切る）……少量
- ご飯……茶碗3杯
- 塩、胡椒……各少々
- ポン酢、醤油、味醂を同量で合わせた調味料……適量
- 砂糖……少々
- 黒七味……少々
- サラダ油……適宜

※ふぐはスーパーか鮮魚店で安いものを買ってくる。もしくは鶏肉、豚肉、イカで代用する。

［つくり方］

1 ふぐを湯にさっと通し、湯引きにする。ぐらぐら煮て火を通しすぎないように。
2 白ねぎは薄く斜め切りに、レタスは適当な大きさにちぎる。万願寺唐辛子はヘタを落としておく。
3 フライパンにサラダ油をひいて、白ねぎ、レタス、万願寺唐辛子を炒める。味つけはほんの少しの塩と胡椒のみ。
4 丼にご飯を盛ったら、炒めた野菜をのせ、上にふぐを置く。
5 丼のたれはポン酢、醤油、味醂を合わせた調味料に砂糖を加えて煮詰める。たれを上からかけて、最後にあさつきを置き、黒七味を散らす。

# ビビンバ

●小倉（寿司／東京・学芸大学）

［材料1人分］

- ナムル（市販のもの）……適量
- 韓国焼き海苔……適量
- 寿司飯……茶碗1杯
- コチュジャン……少々
- 煎り胡麻……適量

※ナムルはわざわざつくらなくてももちろんOK。市販のものを買うなら、もやし、ほうれん草など数種類あるといい。カクテキも相性がいい。

［つくり方］

1 器に寿司飯を盛り、ご飯がかくれるくらい、韓国焼き海苔をちぎってのせる。
2 その上にナムルを置いて、真ん中にコチュジャンを少量添える。
3 煎り胡麻をふって出来上がり。

## ナムルはいろんな種類をたくさん用意するだけ。調理時間、締めて5分

全国に数ある寿司屋。寿司職人たちは共通の問題を抱えている。それは、残った寿司飯をどう食べるかである。

住宅街にある店で、席数が20前後のところを寿司屋の標準としよう。曜日にもよるが、そこではたいてい、毎日、「一本《いっぽん》」の米を炊く。一本とは2升のこと。2升を炊いて、握りやちらしに利用するのである。ただし、雨の日や給料日の前ともなると、客数は減る。どうしても寿司飯は余ってしまうのである。

では、どうやって食べればいいか。

「たいていは炒飯です。あとはビ

ビンバも多いですね」

教えてくれたのは東京、学芸大学の寿司屋、小倉の主人、小倉一秋だ。小倉は開店して5年。カウンター8席の店を夫婦二人で切り盛りしている。

主人は「自由が丘の宝石」とも呼ばれた寿司の名店、羽生《はにゅう》の出身である。17歳で修業に入り、17年間勤めて独立した。

小倉は小さな店で、握りの寿司飯も小さめである。どんどん客が来ないと、毎日、とても「一本」を消化することはできない。

さて、寿司飯の炒飯にはいろいろなバージョンがある。銀座の老寿司職人の話では、「具は海苔の切れっぱしだけ」。六本木のバブル寿司屋の職人は、残ったネタのうち、「海老やカニを入れて贅沢炒飯にする」と語っていた。寿司飯炒飯は店によってまったく内容が異なる。

そして、ビビンバ。これまた残った寿司飯である。寿司飯に韓国焼き海苔をちぎってのせる。ご飯を韓国海苔で埋め尽くしたら、もやし、ほうれん草、大根といったナムルを置いて、まんなかにコチュジャンを少量。ナムルはわざわざつくらなくていい。市販のものを買ってくる。高いものでなくて、その辺のスーパーで買えばいい。

寿司飯ビビンバ。何の工夫もないような料理だが、味は保証する。おやつ、夜食、小腹が減った時、「近頃、野菜を食べてないな」と感じた時……。そういう時に手早くつくって食べるといい。目玉焼きを追加するとか、豚のしょうが焼きを加えるといったアレンジも可能である。

もう一品のまかない、黒胡椒入りのうしお汁とは？

これは魚のあらでつくる。客に出す場合はあらに加えて、身の部分も入れるが、まかないのうしお汁は身のついていないあらを使う。

卵白が入った、うしお汁は見た目がポタージュスープのようだ。しかも、黒胡椒と胡麻油が入っているから、うしお汁というよりも栄養たっぷりのスープという感じになる。

小倉
東京都目黒区鷹番3-12-5
RHビル1階
TEL03-3719-5800
2009年にオープンした小体な寿司の店。

さらにもうひと品

## 黒胡椒入りうしお汁

［材料3～4人分］

- 魚のあら …… 適量
- 昆布 …… 4cm角
- 塩、醤油、酒 …… 各適量
- 卵白 …… 2個分
- 黒胡椒、胡麻油 …… 各少々
- あさつき …… 適量

［つくり方］

1 鍋に水を張り昆布を入れたら、掃除したあらを加える。

2 中火で沸騰させないようにしながら、アクをすくい取って、塩、醤油、酒で調味する。

3 卵白を溶き入れて、かき玉汁のようにする。

4 黒胡椒少々と胡麻油を一滴垂らし、小口切りしたあさつきをのせて出来上がり。

# メキシコ風オムライス

●シェ・ジャニー（フランス料理／岩手・八幡平）

［材料1人分］

- ご飯（タイ香り米）……150 g
- ベーコン（細かく切る）……40 g
- 赤ピッキーヌ（みじん切り）……½本
- 玉ねぎ（スライス）……小½個
- ピーマン（スライス）……小1個
- にんにく（輪切り）……1片
- オリーブ油……大さじ1
- 卵……3個
- 塩、胡椒……適宜
- バター……25〜30 g
- オムライスソース……60 g

［つくり方］

1 ご飯を温めておき、具材は火が通りやすいように、薄く切っておく。

2 プライパンにオリーブ油と赤ピッキーを入れ火にかけ、赤ピッキーヌの色が代わり始めたらベーコンを炒める。さらにご飯を入れて、しっかり熱が入ったら、玉ねぎ、ピーマン、ニンニクを入れて炒める。

3 ご飯を寄せて鍋肌にソースを入れ、香りを出してから全体をあわせしっかり炒める、塩、胡椒で味を調える。

4 卵に塩、胡椒して8分ぐらい混ぜ、ご飯を皿に盛る。

5 浅いフライパンにバターを入れ強火にかけ、色が変わり始めたら、卵を入れ素早く混ぜ、半熟状態でご飯の上に滑らせてのせる。

※本格的に楽しむなら、オリジナルソースに挑戦したい。（トマトケチャップ300g、Lea&Perrinsソース30 g、A 1ソース20 g、パプリカパウダー大さじ1、チリパウダー大さじ1½、タバスコ小さじ½、挽いた黒胡椒小さじ1、塩小さじ¼ を混ぜる）

## タイの香り米入りオムライス!? ソースは辛めが吉！

シェ・ジャニーは日本で2番目にできたビストロだ。開店は1969年。大阪万博の前年である。

さて、この店における、まかないのコンセプトは「客よりもうまいものを食べる」こと。事実、オーナーの春田光治がつくるまかないは時に客に出す料理よりも手間もコストもかかっている。

「料理人は豊かじゃないと客においしい料理など出せません。だって、出来合いの弁当ばかりを食べて育った料理人のメシがおいしいわけがない。そう思いませんか」

至言である。クリエーターは自分の生活以上の作品をつくることはできない。私は料理人には物質的にも精神的にも豊かな生活をしてほしいと願っている。

シェ・ジャニーのまかないは午後2時と営業が終わった後の午後11時過ぎ。予約が入っていなくとも彼は働いている。東京のデパートでやっているカフェのカレーソースづくりなどがあるから、必然的に毎日、厨房に入っている。まかないを食べるのは手伝いの料理人も含め、5人か6人だ。

まかないのオムライスは自家製ベーコンをつくった時にやることが多い。材料は岩手の佐助豚でつくった自家製ベーコン、長粒米、卵。野菜は玉ねぎ、ピーマンなど。

「つくり方は簡単です。フライパンでベーコンを炒めてそこにタイ米を投入する。日本の米でやるとべたべたになって、くっついちゃうからタイの香り米を使う。野菜は何でもいい。残った野菜を使うこと。野菜を早めに入れると食感がなくなってしまうから、最後に炒める。味つけはケチャップ、リーペリンソース（ウスターソース）、A1ソース（ステーキソース）、チリパウダーを混ぜたもの」

調味料の混合具合は何度かつくって、自分で確かめるしかない。春田がつくったオムライスの味つけは辛めである。

一番のコツは卵の焼き方だ。彼はオムライスの上にのせる卵焼き専用のフライパンを持っている。浅いフライパンで、卵を焼いたら、炒めご飯の上にすべらせてのせる。卵を半熟状態にするのがポイントだ。

「卵はバターを多めに使うとおいしくなります。また、スクランブルエッグをつくる場合はレモン汁を少々加えると味が締まります」

一方、海鮮あんかけ焼きそば。まかないの焼きそばだが、意外なポイントが一つあるという。

「麺や野菜を炒める油はピーナッツオイルにしてください。香りが全然違います。胡麻油だと、ちょっとしつこい感じがする。香港のちゃんとした中華料理店ではどこでもピーナッツオイルを使ってます。料理ってのは勘ではありません。勘でつくってもおいしい料理はできません」

これまた至言だと思う。

シェ・ジャニー
岩手県八幡平市安比高原
605-18
TEL0195-73-5076
長らく東京で店を構えたオーナーシェフの春田が1997年にオープンさせた。
完全予約制。

さらに
もうひと品

## 海鮮あんかけ焼きそば

［材料2人分］

- 焼きそば用生麺……2玉
- 帆立貝柱……2個
- 海老（中）……4匹
- ターツァイ（葉だけ）……1株
- きくらげ（水で戻す）……4g
- にんじん……½本
- 干し椎茸（戻したもの）……2個
- 生姜（薄切り）……1片
- 海老の下ごしらえ用調味量（塩、胡椒各少々、紹興酒小さじ1、生姜汁少々、卵白¼個分、片栗粉小さじ½をすべて混ぜ合わせておく）……適量
- ピーナッツ油（サラダ油）……適量
- スープ……150mℓ
- 水溶き片栗粉……少々

※麺や野菜を炒める油はピーナッツ油に。なければサラダ油でもいいが、香りが全然違う。

［つくり方］

1 生麺を3分ほど蒸して、その後、1分弱ゆでる。麺は水にさらして、表面のヌルヌルを取り、水気を切って油少々をまぶす。
2 海老は殻を外し、背ワタを抜いて4～5cm大に切り、海老の下ごしらえ用調味料に漬けておく。帆立貝柱も同じ。
3 野菜はそれぞれ、一口大に切る。
4 薄く油をひいたフライパンで麺を焼く。この時、香ばしさを出すためには全体にきつね色になるまで焼くこと。焼いた麺は取り分けておく。
5 海老は油通しする（分量外）。
6 中華鍋を熱し生姜を炒めたら、きくらげ、にんじん、椎茸を加えて炒め、スープを入れ、海老と帆立貝柱を加える。最後にターツァイを入れて水溶き片栗粉でゆるめにまとめて、焼いた麺にのせたら出来上がり。

# フォーご飯

◉バインセオサイゴン（ベトナム料理／東京・有楽町）

［材料1人分］

- 水……350mℓ
- 鶏ガラスープの素（顆粒）……小さじ½
- 塩……小さじ1
- 砂糖……小さじ1強
- ご飯……茶碗1杯
- 牛肉……40g
- もやし……5g
- チンゲン菜……40g
- トマト……40g
- 万能ねぎ、紫玉ねぎ……各少々
- 卵黄……1個分

［つくり方］

1 牛肉は湯通しして、半生の状態にしておく。もやし、チンゲン菜、紫玉ねぎも同様に湯通しする。

2 丼にご飯をよそい、野菜、半生の牛肉、卵黄をのせる。

3 水にスープの素を入れ、沸騰させたスープを上から注いだら、塩、砂糖で味を調えて出来上がり。スープを熱々にして、肉、野菜に熱を入れるのがポイント。

※基本的に調味はスープの塩分だけで、食べるときにヌクマム、サテといったベトナムの調味料で味をつける。ベトナムの調味料がない場合は醤油、ラー油などで代用してもいい。

## 野菜たっぷり！ベトナムの調味料がなければ醤油やラー油を使おう

エスニックのなかでも人気なのがベトナム料理だろう。ただ、どの店もそうだが、客層は圧倒的に女性だ。オヤジ一人で入っていくことも可能だけれど、なんとなく肩身が狭いのである。

東京・有楽町イトシアの地下にある、バインセオサイゴンもベトナム料理を愛する女性たちが行列をつくる店だ。

「野菜が多くてヘルシー、タイ料理と違って辛いのは苦手という人も食べられる。この二つが女性に人気の要因ではないでしょうか」

そう語るのは同店をはじめ首都圏に8店舗のベトナム料理店を運

野菜レシピ
魚レシピ
肉レシピ
丼レシピ
カレーレシピ
炒飯等レシピ
麺レシピ
厳選レシピ

さらにもうひと品

## バインセオロール

［材料5人分］
〈生地〉
- 米粉……140g
- 薄力粉……60g
- 溶き卵……½個分
- ターメリック……小さじ½
- 水……400mℓ
- ココナッツミルク……50mℓ

〈包む具材〉
- 海老……中50g＋小30g
- 豚バラ肉、ビーフン……各20g
- きゅうり、にんじん……各10g
- ライスペーパー……3枚
- 大葉、レタス……各3枚
- サラダ油……適量
- ミント、パクチー、グリーンリーフ……適量

［つくり方］
1 最後に巻く皮をつくる。米粉と薄力粉を混ぜてから、ほかの材料を少しずつ加えて混ぜ合わせて生地をつくる。
2 サラダ油をひいた中華鍋を弱火にして、生地を流し入れ、薄くパリパリに焼く。全体がきつね色になるまで焼く。
3 次に、包む具材をつくる。中華鍋に油を入れて熱し、海老（小）と豚肉を中火で又、軽く炒めて全体に広げる。
4 弱火にして生地を回し入れ、鍋全体に広げ、生地が固まってきたら、鍋肌に油を垂らして鍋から外す。
5 霧吹きをしたライスペーパーに、焼き上がった生地をのせる。端に大葉、ゆでたビーフン、きゅうりのせん切り、レタスのせん切り、ゆでたにんじんのせん切りをのせ、真ん中に下ゆでした海老（中）を置く。巻いていって、8等分に切って出来上がり。

営するピーフォーという会社の川崎絵美。

　有楽町イトシア店は6年前にできた。料理人が4人、サービスが4人という陣容で、サービスの女性は伝統衣装のアオザイを着ている。

　店名のバインセオはベトナム風お好み焼きのことで、現地では食事というよりもスナックだ。米粉を焼いてぱりぱりした皮をつくり、具材を巻いて口に入れる。

　日本でベトナム料理と言えば生春巻きを思い浮かべる人が多いけれど、現地ではバインセオとフォーの方がはるかにポピュラーである。

　バインセオサイゴンのベトナム人スタッフも、この二つをまかないで食べている。

　川崎によれば「ベトナム人はベトナム料理しか食べません」とのこと。

　34歳の料理長、フェン・ティ・キム・トゥェン氏もうなずく。

「うちの店の営業時間は午前11時から夜の11時までです。通しで営業していますから、みんな一緒には食べません。手の空いた者から順番に何かをつくって食べます。ベトナム料理です」

　一番人気はフォー。米粉でつくった麺である。ただ、麺をゆでるには時間がかかるので、さっと食べなくてはいけない。まかないでは、麺の代わりにご飯を使う。フォーのスープをご飯にかけた料理だ。

　さらに、もうひと品つくり方を教えてもらったのが、バインセオロール。元々、まかない料理だったが、店で出してみたら大人気になったメニューである。バインセオは前述のとおり、米粉の皮に野菜炒めや生の野菜、ハーブを包んだものだ。まかないでは一人一人が包んでいると、時間がかかるので、バインセオをさらにライスペーパーで巻いて、食べやすい大きさにカットした。それを店で出してみたら、お客さんも「こっちの方が簡単に食べられる」と支持するようになったのである。出来上がりは生ビールにもってこいの味である。

バインセオサイゴン
東京都千代田区有楽町
2-7-1　有楽町イトシア
地下1階
TEL03-3211-0678
有楽町イトシアの中に店がある。11:00〜22:30まで営業していることもあって気軽に食べに行ける。

# カレー風味のレバーピラフ

◉御茶ノ水　小川軒（洋食／東京・御茶ノ水）

## おいしさのヒミツは野菜の切り方。玉ねぎは1㎝角、にんじんはみじん切りに

洋食の小川軒は1905年の創業だ。

「うちは鶏を丸ごと一羽で仕入れています。レバーはその時についてくるから、鶏を仕入れた時はつくります。でも、常時、仕入れているわけではありません。ですから、そうたびたび食べるわけではないんです」

と教えてくれたのは、オーナーシェフの小川洋。

レバーは新鮮さが命だ。さばいたばかりの鶏でなければおいしくない。

「私の好物なんです。レバーは栄養価も高いし、値段が安い。まかないにはぴったりの素材です。ただ、新鮮なものでなくてはダメですが」

詳しくはレシピを参照していただきたいが、レバーピラフには小川軒の伝統を受け継ぐ洋食の知恵と技術が詰まっている。

たとえば、ピラフに入れる玉ねぎとにんじんの切り方だ。「ピラフの野菜を切れ」と言われた場合、素人は何も考えずに、二つの野菜を同じ大きさに切るだろう。しかし、洋は玉ねぎを1㎝角に、にんじんをみじん切りにした。

それはなぜか。

「ピラフにカレー粉を加えるでしょう。うっすらと黄色に仕上げたい。その時ににんじんを大きく切ってしまうと、オレンジ色が目立つ。だから、にんじんはなるべく細かくします。一方、玉ねぎは炒めると透明になるし、カレー粉の黄色がのる。だから、大きめに切るのがポイントなんです」

［材料 5人分］

〈カレーピラフ〉
- 米……3合
- 玉ねぎ……160ｇ
- にんじん（みじん切り）……60ｇ
- チキンブイヨン……380mℓ
- カレー粉……大さじ2
- クミンパウダー……大さじ½
- ひまわり油（サラダ油でも可）……適量
- 塩……小さじ½

〈レバー〉
- 鶏レバー……300ｇ
- 牛乳、ブランデー……各適宜
- 強力粉、塩、白胡椒、カレー粉……各少々
- ひまわり油（サラダ油でも可）……適量

［つくり方］

1 鶏レバーは牛乳に1時間漬けておく（臭みを取るため）。

2 米を研ぎ水に10分浸した後、ザルに上げて水気をきる。

3 1㎝角に切った玉ねぎ、にんじんを深鍋へ入れる。ひまわり油を入れ、甘味が出るまで弱火で炒める。

4 鍋に米を加え、中火にして炒める。

5 チキンブイヨン、カレー粉、クミン、塩、水を加えて混ぜ合わせ、炊飯器で炊き上がるのを待つ。

6 レバーを牛乳から上げ、水気を拭き取り、塩、胡椒、カレー粉で下味をつけてから、強力粉をまぶす。

7 フライパンを熱し、ひまわり油を入れ、中火でレバーを炒めしっかり火を通す。最後にブランデーを入れて火をつけ、アルコール分をとばす。5のピラフが炊き上がったら、7のレバーをのせて出来上がり。

御茶ノ水 小川軒
東京都文京区湯島1-9-3
TEL03-5802-5420
レストランではアラカルトからコースまで、多彩な本格洋食が楽しめる。

Part.7

# パスタ、焼きそば…麺の傑作選

# モンゴル風焼きそば

◉マルディ グラ（フランス料理／東京・銀座）

［材料2人分］

- 中華生麺（蒸し麺ではない）……2玉
- 羊の挽き肉（牛挽き肉でもいい）……200g
- もやし……⅓袋
- 玉ねぎ……1個
- にんにく……1片
- 卵……2個
- クミンパウダー……大さじ2
- ラード……適量
- 塩、胡椒……各少々
- コルトゥーラ（イタリア製イワシの魚醤）……少量

［つくり方］

1 玉ねぎ、にんにくはみじん切りにする。

2 もやしはひげ根をきちんと取る。

3 麺をゆでる。麺はできれば太麺がいい。

4 中華鍋で玉ねぎ、にんにくをラードで炒める。

5 玉ねぎ、にんにくがなじんだら、羊の挽き肉を入れ、軽く、塩と胡椒をする。

6 その後、クミンをまず大さじ1杯加える。挽き肉、玉ねぎが炒まったら、皿に引き上げておく。

7 目玉焼きを焼いて後で盛りつける用にフライパンから取り出しておく。

8 麺がゆで上がったら、中華鍋にラードをひいて、麺だけを「焼く」。焼くのは炒めるのとは違う。焦げ目がつくまで焼く。この時に残りのクミンをぱらぱらとふる。

9 麺が焼けたら、もやしと6の挽き肉、玉ねぎを加えて炒める。

10 全体に混ざったら、目玉焼きをのせて、麺の上で崩す。さらにコルトゥーラを少し垂らすと香りがよくなる。

## クミンの香りが食欲をそそる。目玉焼きを崩して一気に食べたい

銀座のマルディ グラはフランス料理の店だ。しかし、オーナーシェフの和知徹はあらゆる国の料理を平等に愛する人で、世界各地に旅をしては、その国の料理を賞味してきて、マルディ グラのメニューにする。ニューオーリンズに行ったらジャンバラヤのレシピを調べ、タイではグリーンカレーのつくり方を研究する。観光旅行ではなく、レシピ発掘の旅に出かけている。つまり、料理のジャンルにとらわれずに、ひたすら、おいしいものを追求している人だ。

　マルディ グラのまかないの特徴は品数を多くつくり、しかもボ

リュームが多いこと。成人一人の一日当たりの消費カロリーは約2000カロリー（カレーライス一皿は約700カロリー）と言われているが、マルディグラの従業員は一食で、ひとり1万カロリーは食べているように思える。

和知の言葉は次の通り。

「たっぷり食べるのは仕事のうちです。午後4時にまかないを済ませたら、店が終わる夜中の1時過ぎまでは何も食べられません。お客様に料理を運んでいった時に、空腹でおなかが鳴ったりしたら失礼でしょう。腹ごしらえしないと気力も出ないし、ちゃんとしたサービスをすることもできません」

マルディグラのまかないの予算は一食一人当たり300円。それにしては豪華なメニューである。この日はモンゴル風焼きそばと、ポテトサラダ。

焼きそばのモンゴル風とは？その答えは羊のひき肉とクミンをたくさん使っているところにある。クミンの風味が食欲をそそり、上にのせた目玉焼きをくずして、そばと混ぜるのも捨てがたい。中華麺でなくパスタでもいいだろう。

そして、もうひと品、ポテトサラダ。特徴は仕上げにレモンの皮とクルトンを入れることだ。

「ポテトサラダをつくる時、マヨネーズに加えてレモン汁をしぼったり、酢を入れる人がいます。それもいいのですが、でも、ちょっと酸味が勝ちすぎる気がする。レモンの皮なら酸味ではなく、香りが付きます。だから入れています。また、クルトンは食感がいい。ただ、家庭ではわざわざ入れなくともいいでしょう。僕らは余ったパンを食べるためにクルトンをつくっています。飲食店では仕入れの時、余裕を見て注文します。ですから、毎日、必ず何かしらが余る。また、肉の塊を切ったら、お客様には出せない端っこが出る。そういった材料を少しずつ寄せ集めてひと皿の料理に仕立てるのが、まかないなんです。たまには食材を買うこともありますが、ふだんは目の前にあるものでつくるようにしています」

マルディ グラ
東京都中央区銀座8-6-19
野田屋ビル地下1階
TEL 03-5568-0222
旨いもの好きに長年愛される銀座の人気店。

さらに もうひと品

## ポテトサラダ

［材料6人分］

- じゃがいも……6個
- ロースハム（1〜2㎝幅に切る）……50ｇ
- にんじん……½本
- きゅうり……1本
- 赤玉ねぎ……½個
- レモンの皮（黄色いところだけ）……少量
- クルトン……お好みで
- バター……15ｇ
- マヨネーズ……大さじ3
- マスタード……大さじ2
- 塩、胡椒……各適量

［つくり方］

1 皮付きじゃがいもをゆでる。ゆで上がったら、皮をむいてつぶす。マッシュポテトではないから、じゃがいもはつぶしすぎない。塊も残しておく。温かいうちにバターを混ぜて少しだけ塩をしておく。

2 にんじんはゆでてから薄く切る。きゅうりは薄く小口切りにする。玉ねぎはみじん切り。赤玉ねぎは甘味があるので、水にさらさない。

3 じゃがいもとほかの材料を混ぜて、マヨネーズとマスタードで和える。和えるときにレモンの皮をごく細くスライスしたものを混ぜる。

4 クルトンを混ぜる。

5 最後に味見をして塩、胡椒を足す。

What is MAKANAI?

## 〝マルディ グラ〟にとって「まかない」とは何か？

まかないにはたくさんの思い出があります。初めて修業したフランス料理店ではオーナー夫妻とスタッフにわざわざ別の食事をつくっていました。ええ、2種類のまかないをつくっていたんです。

どうしてかと言われると困るけれど、オーナー夫妻がとても喜んでくれたのが嬉しかったから。褒めてもらいたかったからです。毎日、2種類の食事をつくっていたけれど、負担に感じたことはありません。まかないは楽しんでつくらないとダメです。割に合わない仕事だと思ってしまうと、つらくて続かない。食べる人のことを考えて、メニューを考え、手早く調理すること。

もっとも、私が最初に勤めたフランス料理店のオーナー夫妻の好物はポテトサラダとゆで卵でした。だから、手間はかかりませんでした。

まかないはどこでも若い料理人が担当するんじゃないでしょうか。うちも基本は若い料理人にやってもらいます。ただ、僕は料理が好きだから、自分でやってしまうこともあるけれど。まかないは店で使った余り物を活用するのが原則ですけれど、若いスタッフが多くなると食欲があるから余り物だけでは追いつきません。

どうしても、肉、米、麺を買いに行かなくてはならないことがある。ただし、そういった時でも高価な材料は買いません。安いものを使って、手早く、おいしく仕上げるのがまかないです。

まかないは料理人にとってトレーニングです。ですから、外で買ってきた惣菜を食べることはありません。若い料理人が目の前の材料を見て、考えて料理をするのがルールです。トレーニングが目的ですから、出来上がりはお客さまに出すのと同じ状態に仕上げるのが鉄則。たとえばモンゴル風焼きそばに入れるもやしも必ず根と頭はすべて取ります。

日ごろから手を抜かず、おいしいものをつくっていなくては、お客さまに出すものはつくれません。ですから、まかないであっても、もやしの根は取りますし、いんげんもすじを取ってから調理します。

盛り付けも同じ。お客さまに出すつもりで、丁寧に正確に盛り付けてもらう。いまは午後4時に6人でまかないを食べていますから、6名分の皿を並べて、同じ位置に同じ量だけ盛り付けるよう指示しています。

食べる時だって、トレーニングは続いています。とんかつも、最初の一口は何もつけずに食べてもらう。

肉を揚げた時の火の通り方、肉のかたさ、食感…。そうしたものを鮮明に頭のなかに焼き付けて欲しいんです。そういう感覚を持っていないと、ほかの人の味を真似することはできても、自分の味をつくり出すことができなくなってしまう。それでは、ちゃんとした料理人にはなれません。ですから、うちではとんかつは、ソースをかけていいのはふた口目からと決めています。

郵 便 は が き

おそれいりますが
50円切手を
お貼りください。

1 0 2 8 6 4 1

東京都千代田区平河町2-16-1
平河町森タワー13階

# プレジデント社

## 書籍編集部 行

| | | | |
|---|---|---|---|
| フリガナ | | 生年（西暦）　　年 | |
| 氏　名 | | 男・女 | 歳 |
| 住　所 | 〒<br>TEL　　（　　） | | |
| メールアドレス | | | |
| 職業または学校名 | | | |

ご記入いただいた個人情報につきましては、アンケート集計、事務連絡や弊社サービスに関するお知らせに利用させていただきます。法令に基づく場合を除き、ご本人の同意を得ることなく他に利用または提供することはありません。個人情報の開示・訂正・削除等についてはお客様相談窓口までお問い合わせください。以上にご同意の上、ご送付ください。

＜お客様相談窓口＞経営企画本部 TEL03-3237-3731

株式会社プレジデント社　個人情報保護管理者　経営企画本部長

この度はご購読ありがとうございます。アンケートにご協力ください。

| 本のタイトル |
| --- |
| |

●ご購入のきっかけは何ですか?(○をお付けください。複数回答可)

1 タイトル　2 著者　3 内容・テーマ　4 帯のコピー
5 デザイン　6 人の勧め　7 インターネット
8 新聞・雑誌の広告(紙・誌名　　)
9 新聞・雑誌の書評や記事(紙・誌名　　)
10 その他(　　)

●本書を購入した書店をお教えください。

書店名／　　(所在地　　)

●本書のご感想やご意見をお聞かせください。

●最近面白かった本、あるいは座右の一冊があればお教えください。

●今後お読みになりたいテーマや著者など、自由にお書きください。

どうもありがとうございました。

# 焼きうどん

◉ガランス（バー／東京・白金）

**［材料1人分］**

- 乾麺のうどん……1人分
- ベーコン……20～30ｇ
- 芽キャベツ……5～6個
- 桜海老……5～10ｇ
- オリーブオイル……適量
- ソース（ウスターソースととんかつソースを好みの割合で混ぜる）……適量
- 黒胡椒……適量

**［つくり方］**

1 芽キャベツはオリーブオイルで揚げ焼きにする。焦げるくらいに火を入れ縦半分に切る。
2 乾麺はゆでた後、水にさらしてヌルヌルを取り、水気をきっておく。
3 オリーブオイルをひいたフライパンにベーコンを入れて焼く。
4 ベーコンがカリカリになったら、1の芽キャベツと麺を投入。
5 桜えびを散らした後に、ソースを回しかけ、全体にソースが行き渡ったら器に盛る。
6 仕上げに黒胡椒をふる。多めにかけるとおいしい。

## 北九州発祥の焼きうどん。たっぷりの野菜は揚げ焼きに

バーのつまみ、いわゆるバー・フードはまかない料理と似たところがある。

　ありあわせのものを組み合わせてさっとつくるのが原則で、しかも、客が食べたそうな食べ物を見抜くセンスも必要だ。

　その点、東京・白金にあるガランスのマスター、星野哲也は料理に関して確かなセンスを持っている。ガランスはパリの学生街にあるような気取らない雰囲気の飲み屋で、カウンターとテーブルが二つだけの小さな店だ。

「焼きうどんは北九州発祥です」

　同地出身の星野は本場の味をアレンジした焼きうどんをまかないに食べる。

「乾麺を使います。スナックの焼きうどんは生麺ですが、まかないには口持ちのする乾麺がいい。だいたい、北九州の焼きうどんは乾麺でつくるものなんです」

　材料は乾麺のうどん、ベーコン、芽キャベツ、桜えび。ベーコンがなければ豚肉のコマ切れでいい。桜えびはなくともいい。要は冷蔵庫にあるものを利用する。でも、芽キャベツもしくはキャベツは入れた方がいい。

「芽キャベツはオリーブオイルで揚げ焼きにします。焦げるくらいに火を入れる。ここがポイントでしょう」

　ソースはヘルメス製。辛めが好きな人はウスターソースを、甘めが好きな人はとんかつソースを多く入れること。出来上がりに黒胡椒をこれでもかというくらいたくさんふりかける。

ガランス
住所、TELは店の都合により掲載できません。

# 素ラーメン

●中国料理　煌家（中国料理／東京・自由が丘）

**［材料1人分］**

- 中華麺（生）……1玉
- スープ用煮干し……5〜6尾
- 醤油……好みで

**［つくり方］**

**1** スープをとる。まず、煮干しの頭とはらわたを取り、鍋に水とともに入れて30分ほど置く。

**2** 鍋を中火にかけて沸騰したら弱火にする。10分ほどアクを取りながら煮出し、煮干しを上げる。

**3** 別鍋の湯で中華麺をゆでて、器にスープと湯きりした麺を合わせれば出来上がり。スープだけでは物足りなけば、醤油適宜で味を調える。

煌家
KOH　KA

## あっさりと軽く
## 食べたいときに。
## シンプルなスープが
## たまらない

煌家は自由が丘にある。オープンは平成元年。地元に密着した中華料理の店で、週末は行列ができるほどの人気だ。席数は42。上海料理を基本とし、おこげ料理などが名物。しかし、グルメ雑誌の常連と呼べるような店ではなく、ちょっとした繁華街ならば必ず見かける、平凡な町の中華料理店である。

煌家で出している麺や点心の皮はすべて自家製である。店主、今井陽一郎の亡くなった父親が研究を重ねた正統派のもので、生麺、焼売や餃子の皮はほかの店のそれとはひと味もふた味も違っている。

通常、よほど大きな店でも生麺、餃子、焼売の皮は業者から仕入れる。その方がコストが安く済むし、いろいろな注文を出すこともできるからだ。ところが、煌家では創業以来、その日朝に打った麺を出している。

だから、煌家で食べるとすればそれはやはり麺類、餃子、焼売だろう。

「うちの親父の好物は素ラーメンでした。具を何も入れずに出来ての麺だけでラーメンをつくっては食べていたのです。スープも簡単。煮干しでだしをとって、そこに醤油を落とすだけ。『煮干しのだしが一番うまいんだ』と満足そうに言ってました」

素ラーメンのことを本場では「光麺」という。そして、煌家ではまかないで時々、父親が食べているものとは少し違うが、麺とスープだけの光麺を食べている。

煌家の従業員は店主、陽一郎、後継者の息子、康博以下8名。調理場、サービスともそれぞれ4人ずつである。店主と息子はフロアでサービスに励む。まかないは3回。開店前の午前11時、午後3時30分、店が終わる前の午後10時前後。一回目と3回目は交代で食べるが、午後3時のまかないだけは調理場の4人、サービスの4人が顔をそろえて食べる。ただし、場所がないので、料理人は調理場で、サービスは個室に集まって食事する。

「まかないで光麺を食べる時はうちの店のスープを使います。鶏ガラでとっただしにしょうがの皮、長ねぎ、野菜などを加えたあっさり味。ラーメン屋の麺を食べ慣れている人にとってはスープの味が物足りないと思います。うちの店はスープを炒め物や煮物にも使うので、強い味にはできないのです。ラーメンスープとしては弱い味になる。ですから、店では光麺は出しません。出す場合は必ず具材をのせ、しかも強い味にする。調味料を増やすのではなく、片栗粉でとろみをつけるのです。中華料理店で麺を食べると、上に載った野菜炒めにとろみがついているのは弱いスープの味を補うためなんです」

中国料理 煌家
東京都目黒区自由が丘2-9-4
TEL03-3717-7018
麺類には海鮮スープそば1155円や五目焼きそば1050円などがある。

さらにもうひと品

## 大根の葉と豚挽き肉の炒め

［材料4人分］

- 大根の葉……2本分
- 豚挽き肉……100ｇ
- 赤唐辛子……1本
- 醤油……大さじ1
- 砂糖……大さじ⅓
- 酒……大さじ⅓
- 酢……小さじ½
- オイスターソース……小さじ1
- ケチャップ……小さじ1
- スープ、胡椒、サラダ油……各適宜

［つくり方］

1 大根の葉をよく洗った後、5㎜幅に切る。
2 中華鍋を熱して油をひき、豚肉を炒める。
3 火が通ったら、小口切りにした赤唐辛子、大根の葉を入れ、シャキシャキ感が残る程度に炒める。大根の葉は生でも食べられるから、炒めすぎないのがコツ。
4 火を止める直前に醤油、砂糖などの調味料とスープを入れ、さっと炒めたら完成。

# トマトと卵の冷麺

●虎萬元　南青山店（中国料理／東京・南青山）

**［材料2～3人分］**

- ●トマト……2個
- ●茄子……1個
- ●ねぎ……20ｇ
- ●卵……3個
- ●にんにく……1片
- ●醤油……大さじ1
- ●砂糖、酢、トマトピューレ……各小さじ
- ●中華麺（生）……3玉
- ●鶏ガラスープ……少々
- ●サラダ油適量

**［つくり方］**

**1** トマトはさいの目切りにする。
**2** 茄子は皮を向き、同じく、さいの目切りにする。
**3** ねぎとにんにくはみじん切りにする。
**4** 茄子を素揚げしておく。
**5** 中華鍋に油をひき卵を中火で炒める。火が通ったら取り出して、同じ鍋でトマト、ねぎ、にんにくを中火で軽く炒める。
**6** 調味料と鶏ガラスープ、茄子と卵を加えて、さっと合わせる
**7** ゆでて、冷水で締めた麺の上にのせたら出来上がり。

## 初夏から夏に何度もつくりたい。トマトと茄子、卵のシンプル冷麺

「中国の料理人はまかないにも気合が入っています。朝一番から、自分が食べたいものを考えて真剣につくる。食事を適当に済ませようという考えがまったくないのです」

感心したように語るのは岡田三郎。南青山にある中国料理店、虎萬元の料理長で、中医薬膳調理指導員だ。

17年前に開店した、虎萬元。以前は「クーリーズ・クリーク」、さらにその前は「シルバースプーン」というレストランがあった場所に店を構える。遊び人を自称するオヤジにどちらかの店名を出せば、3人に一人が「ああ、あそこ

ね」などと、どうでもいい自慢話をするかもしれない。

　さて、どうでもいい話は置いといて、この店のまかないは、岡田と同僚の中国人料理人が交代でつくっている。

「高価な食材は使わず、材料の余り物でつくっています」と岡田は言う。まかないの決め台詞である。この言葉がすらすら出てくる店のまかないは期待できるというもの。

「夏になると、毎日のようにトマトを食べます。その中でも定番中の定番料理があるんです」

　それは〝トマトと卵の冷麺〟。材料はトマト、卵、茄子、ねぎ、にんにくに、生の中華麺と、実にシンプル。つくり方も簡単。さっと炒めた食材を醤油、砂糖、酢などで味つけするだけ。それを冷たい麺にのせたら出来上がりなのだ。トマトの酸味が冷たい麺にからみ、するするといくらでも食べられる。食欲の落ちる夏にはうってつけのまかない料理なのだと、岡田は言う。

　1週間に二度、三度と食べることもあり、時に練り胡麻を入れて冷たい担々麺風にしたり、時にぶっかけ飯にしてかきこむこともある。

　トマトと卵の炒め物は中華料理の定番でもあるが、基本的にはおかずだ。麺にのせて食べるというのは、まかないならではといえよう。そうした、おいしい組み合わせを考えることも、料理の楽しみの一つである。

「ほかによくつくるまかないと言えば……」と岡田は考えて、「〝じゃがいもとザーサイの青唐辛子炒め〟があります」と言った。

　じゃがいもとザーサイはマッチ棒くらいに細く切る。青唐辛子はマッチ棒よりもさらに細く切る。緑色がこの料理のアクセントなので、細くしたほうが美しい仕上がりになる。

　たとえ、まかないであっても、具材が不揃いに切ってあれば見た目が悪くて食欲を刺激しないし、そもそも熱が均等に通らないからおいしくはならない。食事を適当に済ませないという中国人料理人の考え方は、岡田にも伝播している。

虎萬元 南青山店
東京都港区南青山7-8-4
高樹ハイツ地下1階
TEL03-3409-2291
北京料理を中心に、中華料理が楽しめる。ランチ1000円〜、ディナーコース5600円〜。

さらにもうひと品

## じゃがいもとザーサイの青唐辛子炒め

［材料2〜3人分］
- じゃがいも……2個
- ザーサイ……40ｇ
- 青唐辛子……1本
- にんにく……1片
- 塩……小さじ2
- 砂糖、酢……各少々
- サラダ油……適量

［つくり方］
1 じゃがいも、ザーサイはマッチ棒程度に細く切る。
2 じゃがいもは水にさらして、シャキシャキにする。
3 ザーサイは塩抜きする。
4 青唐辛子は縦二つに切って種を取り、マッチ棒よりも細く切る。
5 にんにくはせん切りにする。
6 熱した中華鍋にサラダ油をひき、食材をすべて投入して炒める。
7 火が通ったら、調味料で味つけをして出来上がり。

# パスタ・エ・パターテ

●テルツィーナ（イタリア料理／北海道・札幌）

［材料4人分］

- 玉ねぎ……1個
- ベーコンの切れ端……80g
- じゃがいも……400g
- にんにく……½片
- パスタ（店では折れたものを使う）……200g
- かぶの葉……3個分
- E.V.オリーブオイル、トマトソース……各大さじ2
- 水、塩、胡椒、粉チーズ……各適量

［つくり方］

**1** 玉ねぎは薄切りにする。ベーコンはみじん切りに。

**2** じゃがいもは皮をむいて半分に切った後、1cm幅に切る。

**3** 鍋にE.V.オリーブオイルとつぶしたにんにくを入れて香りを出す。香りが立ったら、にんにくを取り出し、玉ねぎ、ベーコンを入れてしっかりと炒める。

**4** 鍋にじゃがいもを投入する、軽く炒めたら、具がひたひたになるまで水を加え、じゃがいもが煮くずれるまで煮る。

**5** 4にパスタを適当な長さに折って入れ、さらに刻んだかぶの葉、トマトソースを加えて、パスタが柔らかくなるまで煮る。このとき、鍋が焦げつきやすくなるので、水を適宜加えながら混ぜる。

**6** パスタが柔らかくなったら、塩で味を調える。

**7** 仕上げに胡椒、粉チーズ、E.V.オリーブオイル（分量外）を適宜かけて、出来上がり。

## パスタを適当な長さに折ってゆでる。じゃがいもやベーコンでおいしく

札幌にテルツィーナができたのは1998年。当時、道内には本格的なイタリア料理店はまだ少なかった。以来、十数年、テルツィーナは道内産の素材を使いながら、本場の味を守っている。

道産豚とリコッタチーズのスパゲティ、函館産一夜干しのイカと野菜の辛口トマトソースパスタ、塩漬けした桜マスと赤玉ねぎのアーリオオーリオフェデリーニ、知床鶏もも肉のポルケッタ風……。

メニューブックを上から下まで眺めていると、北海道には肉も魚も野菜もおいしいものがたくさんあるんだと納得する。

まかないは午後3時30分からと

営業が終わった後の午後11時からの2回だ。支配人の宇野敦は同店のまかない事情について次のように説明する。

「最初のまかないは和食、中華など何でも食べます。ラーメンだってつくる。ただ、営業が終わってからのそれはパスタと決めています。新人の料理人が余った材料を使って、パスタに仕立て上げる。おいしくなかった時ははっきりとそう伝えます。まかないは料理人にとっては修業の一つです」

テルツィーナの昼のまかないでは、さまざまな料理を食べる。ある時、トマトソースが余ったので、残ったご飯にかけて食べたところなかなかイケる味だった。その時のトマトソースは油分が少なく、ご飯にかけてもギトギトしないものだったのである。それから何度か油分を抑えてトマトソースをつくり、ご飯と混ぜて食べたり、あるいは卵焼きで包んでオムライスにもしてみた。そんなある日、たまたま立ち寄っていた北海道の精肉、肉加工品販売会社社長が、トマトソースご飯を味見して、「うまい」となった。

「これ、おいしいよ。うちで製品にして売り出してもいいかな?」

こうして、トマトソースかけご飯は「イタリアンレストランのまかない飯」(ファーマーズファクトリー製)と銘打った商品となり、道内の生協「コープさっぽろ」で販売されることになった。トマト&ベーコン、野菜&ベーコンの2種類があって、いずれも一袋が3人前、598円である。つくり方は簡単。まかない飯のパックを温めて、ご飯に混ぜるだけ。そのままでもいいけれど、卵焼きで巻いてオムライスのようにするといい。味つけは甘め。子供が喜ぶまかないメニューである。

支配人の宇野が苦笑する。

「まかない飯を食べた人から、『お宅ではメニューに載せないの』と言われます。でも、うちはイタリアンレストランですから、まかない飯を出すわけにはいきません」

まかないを食べる飲食店は多いけれど、それが商品となって販売された例はテルツィーナくらいではないか。

トラットリア／ピッツェリア
テルツィーナ
北海道札幌市中央区
北二条東4丁目
サッポロファクトリー
レンガ館1階
TEL011-221-3314
パスタ、ピッツァ 1350円～。
ディナーコースは3500円～。

さらにもうひと品

## パンツァネッラ

［材料4人分］
- バゲット……½本
- 玉ねぎ……½個
- ミニトマト……6個
- きゅうり……1本
- レタス……適量
- 赤ワインビネガー、E.V.オリーブオイル、塩、胡椒……各適量

［つくり方］
1. バゲットを10分ほど水に浸した後、絞って水気をしっかり取っておく。
2. 薄切りにした玉ねぎを塩もみする。
3. トマト、きゅうりは一口大に切る。
4. レタスは食べやすい大きさにちぎる。
5. ボウルにバゲット、野菜類を入れ、赤ワインビネガー、E.V. オリーブオイル、塩、胡椒で味を調える。

# イワシのパスタ

◉メッシタ（イタリアン酒場／東京・目黒）

［材料1人分］

- イワシ……2尾
- スパゲッティ……100ｇ
- トマト……中1個
- にんにく（みじん切り）……1片
- 玉ねぎ（みじん切り）……少々
- トマトソース……大さじ½
- 乾燥オレガノ、オリーブオイル……各適宜

［つくり方］

**1** イワシは開いて、頭、内臓、骨を取り塩をしておく。

**2** フライパンにオリーブオイルをひき、イワシをさっと焼く（イワシの脂を取るため）。

**3** 深鍋にたっぷりの湯を沸かし、湯の1％程度の塩（分量外）とスパゲッティを入れて、時間通りにゆでる。

**4** 別の鍋にオリーブオイルをひき、にんにくと玉ねぎを炒め、色がついたらイワシとパスタのゆで汁（少量）、小さく刻んだトマトを加えて煮る。

**5** イワシを崩したら、ソースが完成。

**6** ゆで上がったスパゲッティとトマトソースを加えて、からめる。

**7** 器に盛り、オレガノをふりかけ最後にオリーブオイルを回しかける。

## 主役はパスタ。具は少な目が◎ イワシをしっかり煮崩そう

東京の目黒にあるメッシタは12席の小さなイタリアン酒場だ。主人の鈴木美樹が店を開いてから、２０１４年で3年である。営業開始は午後4時で、ラストオーダーは午後11時30分、深夜まで客は帰らない。長丁場の営業を彼女は一人で突っ走る。サービス担当のニコちゃん（男性）がいるものの、料理をつくるのは彼女一人である。

まかないは営業前に自宅で食べるか、店で簡単に済ませる。営業している9時間近い間は何も口にしない。彼女はストイックに料理に打ち込んでいる。

「イタリアで修業したのはトータ

ルで4年半です。ピエモンテ、フィレンツェ、ミラノ、プーリア、フリウリ、シチリア。あとは日本に戻って、ラ・ゴーラ、アモーレのシェフだった澤口（知之）さんに料理を教わりました」

　彼女が言うようにメッシタで出す料理はイタリアの各地方で習得した郷土色豊かな料理だ。また、なかには家族経営のレストランで働いていた時に、その家のお母さんがつくってくれた家庭料理がある。

「イタリアのいろいろな地方、さまざまなタイプの店で修業しましたが、ファミリーが経営している店だとまかないも豪華でした。従業員も家族と一緒に、ちゃんとした食事をとる。パスタから肉料理まで時間をかけて食べます。一方、オーナーがいて雇われた料理人だけが働く店だと、自宅に帰って食べるか、ありあわせのものでさっと済ませるケースがほとんどでした」

　ところで、まかないのイワシのパスタのコツとは？

「あくまでパスタが主役の料理です。日本でパスタを食べると具が多いと感じます。このスパゲティではイワシはソースです。主役はパスタ。また、イタリアだとショートパスタを食べることが一般的ですが、日本人はスパゲティが好きです。だから、ロングパスタにしました。強い味のソースには太い麺が合います。ですから、スパゲティでつくってください。ポイントはイワシを煮崩すこと。形が残らなくていいんです。また、オレガノのようなハーブを加えるのは最後にしてください。香りのあるものは最初から入れると、香りがとんでしまいます」

　さらに、牛うで肉の黒胡椒煮＝ペポーゾとはどんな料理なのか。ペポーゾとはフィレンツェの郷土料理。煮込む時はトスカーナの赤ワインであるキャンティを使う。うで肉はかたいから、赤ワインで長時間煮込むことが必要だ。

　出来上がったペポーゾをメッシタで味見したときは、肉がとろけていた。

メッシタ
東京都目黒区目黒4-12-13
TEL03 3719-8279
目黒駅から徒歩15分ほど。
深夜まで混んでいることが多く、予約をするのが無難。

さらにもうひと品

## ペポーゾ
## （牛うで肉の黒胡椒煮）

［材料5〜6人分］
- 牛うで肉……2kg
- 赤ワイン※……1本
- にんにく……6片
- 黒胡椒（ホール）……30粒くらい
- 塩……適宜
- フランスパン……適量

※店では、トスカーナの赤ワインのキャンティを使っている。安価なワインでOK。

［つくり方］
1 牛うで肉を食べやすい大きさに切って、塩をふる。
2 にんにくは縦半分に切って、芽を取る。
3 深鍋に肉を入れ、にんにく、黒胡椒を入れた後、赤ワインを注ぐ。弱火でことこと4時間ほど煮込む。
4 トーストしたフランスパンに、3をのせて食べる。

What is MAKANAI?

## 〝メッシタ〟にとって「まかない」とは何か？

イタリアではいろいろな店で働きました。まかない担当もやってました。家族経営の店だったら、その家のお母さんが腕によりをかけてつくってくれたので、豪華だったし、量も多い。昼も夜もおいしいものが食べられました。

メッシタのメニューにもお母さんから教わったものがいくつかあります。たとえばカリフラワーの赤ワイン煮もそう。どちらも郷土料理であり、家庭料理です。

カリフラワーの赤ワイン煮は赤ワインにアンチョビ、黒オリーブを入れ、カリフラワーを煮る。味つけは塩、胡椒だけ。こう言っても、一度は実物を食べてみないとなかなか再現できないかもしれません。その場合はうちへいらしてください。店で出してます。

家族経営でなく、オーナーがいるレストランの場合だと、余った材料を工夫して、一皿のパスタにしておしまい。ただ、昼に食べる時はパスタですけれど、夜にまかないを食べる時は肉を焼いたりしますね。

まかないを食べたイタリア人料理人から「日本人が料理すると味が薄い」と文句を言われたこともあります。でも、彼らがつくったまかないって、ものすごくしょっぱいことがあるんです。

イタリア人は日本人ほど繊細な味つけはしないと思う。塩をふる時も、ドバッと入れている人を見たことがありますし……。思うに、イタリアのレストランでまかないとは単なる食事であって、日本のように、料理人に修業させようなんて考えはありません。

私がつくる料理はイタリアでの修業と、そして、ラ・ゴーラ、アモーレで澤口（知之）さんから習ったものです。特に、ラ・ゴーラ時代は勉強になりました。私ともう一人が新米だったから、交代でまかない担当をやりました。持ち時間は1時間で8人分の料理をつくるのがルール。

つくるのはイタリア料理ではありません。和食もしくは中華、洋食といったものでした。料理人にはイタリア料理よりも技術のいる和食を勉強させたいというのが澤口さんの考えだったのでしょう。

ラ・ゴーラでは材料を買う場合は理由を申告しなくてはならない。

「私はまだサバをおろした経験がないので、サバを使って味噌煮をやりたいです」

そう言うと、サバを買うお金がもらえる。なんとなく料理するのではなく、自分の勉強になるように、まかないの機会を生かすようになっていました。

家庭で冷蔵庫に食材が残ったら、どうするのか？　野菜だったらミネストローネですね。大根でもにんじんでも何でもいいんです。さいの目に切って、オリーブオイルで炒める。そこにスープを加えて煮込めば出来上がり。牛肉でも豚肉でも、肉が残っていた場合ですか？　うーん、それもやっぱりミネストローネかな。肉を細かく刻んで野菜と合わせて炒める。肉を使えばまた味は変わってきます。

Part.8

# 何度も繰り返してつくりたい厳選レシピ

# すいとん

◉天兵（天ぷら／東京・淡路町）

［材料4人分］

- 小麦粉（薄力粉）……300～400ｇ
- 水……200mℓ
- 揚げ玉……200ｇ
- 玉ねぎ……1個
- 卵……1個
- 味噌……大さじ3
- 煮干し……5尾
- 大根……½本
- 三つ葉か長ねぎ（刻んだもの）、七味唐辛子……各適量

［つくり方］

**1** 薄力粉を水（分量外）で溶いて生地をつくる。天ぷらの衣よりもかためで、お好み焼きの生地くらいの感じになるよう、水を調整する。

**2** すいとんの生地に、5mm角に切った玉ねぎを入れ、卵をひとつ加える。

**3** 2に揚げ玉をどっさり入れ、混ぜ合わせる。

**4** 水を張った鍋に煮干しを加え中火でだしをとり、拍子木切りにした大根を入れる。大根にある程度火が通ったら、味噌を溶く。

**5** 味噌汁が煮立つ直前に、すいとんをスプーンにのせて、くるみ大くらいになるように入れていき、浮いてきたら出来上がりだ。このあたりは中火から弱火で。

※すいとんを食べるときは上から三つ葉、ねぎなどをちらし、七味唐辛子をふりかける。

## 焼売が入った味噌汁!? シンプルだけどおかわり必至

江戸前天ぷらの店、天兵の創業は1940年。現在は2代目主人の井上孝雄が揚げ場に立っている。ほかにいるのは孝雄の妻、千百合（美女）、千百合の弟、南雲信郎（独身）、3代目を目指す井上家の長男、恭兵（新米パパ）の3人だ。

同店では榧《かや》の実から搾った油を使っている。榧油は胡麻油よりも香りが上品で、胸やけがしない。ただし、収穫量が少ないので値段は高い。高価な油だ。そんな高い材料を使っている店ではあるけれど、天兵は庶民の味方だ。カウンターに座って、周りを見渡すと、全員が庶民。

この店には週に少なくとも一度は食べる、伝統のまかない料理がある。亡くなった先代、井上兵次が考案したもので、残った揚げ玉を使った特製すいとんがそれだ。

すいとんと聞くと、「B29の空襲」「学童疎開」「戦後の闇市」を思い浮かべる人は相当の年齢だろう。ただし、その頃の人々が食べていたすいとんは、小麦粉を団子にして、薄いスープに浮かべただけの、あまりおいしいとは思えないもの。一方、天兵の特製すいとんは、ボリュームに富むし、材料がいい。なんといっても天兵の揚げ玉には車海老、キス、穴子、イカのエキスが入っている。ときには海老の尻尾のかけらも混入している。海鮮エキス入り、榧油入りの上質な揚げ玉である。味見をした時、私は「これは焼売だ」と感じた。揚げ玉、玉ねぎ、小麦粉が合わさると、焼売の味に近いものがある。

すいとんは煮込んでつくるので、そのほかの具に、わかめ、ほうれん草などは向かない。やはり大根、もしくは白菜だ。また、いろいろな具を入れると、すいとんの味が浮き立たなくなる。

揚げ玉は天ぷら屋にとって、必ず余るものだ。また、大根は大根おろしに使うので、いつもたくさんある。白菜は漬物用に仕入れている。小麦粉、卵は天ぷら屋には欠かせない。それを考えると、すいとんは実によくできたまかないである。余り物の活用にもなるし、わざわざ材料を仕入れに行かなくともいいし、何よりもおいしい。冬場には体が温まる。これを考えた天兵の先代は試行錯誤しながら、いまのようなすいとんに仕上げていったのだろう。

そして、あらためて思ったのだけれど、おいしいものとは長年食べても飽きない料理のことではないか。目先の変わった材料を組み合わせた創作和食も一度はおいしい。しかし、半世紀以上もの年月にきたえられた素朴な料理にはかなわない。長年みんなが食べている料理とは、みんなが暗黙のうちに支持している料理なのだろう。

天兵
東京都千代田区
神田須田町1-2
TEL03-3256-5788
戦前より店を構える天ぷらの店。昼の天丼は1200円～、夜は5300円のコース～。

さらにもうひと品

## 揚げ玉丼

［材料1人分］

- かまぼこ……2～3切れ
- 玉ねぎ……¼個
- 天つゆ……100mℓ
- 揚げ玉……100g
- 卵……1個
- ご飯……適量

［つくり方］

1 かまぼこを短冊（やや薄めにすると火が通りやすい）に切る。
2 玉ねぎはスライスする。
3 鍋にかまぼこ、玉ねぎを入れ、天つゆをひたひたになるぐらいまで注ぐ。
4 中火で温め、玉ねぎがしんなりしたら、揚げ玉を投入。
5 溶き卵を入れて軽く混ぜ合わせ、30秒ほどで火を止める。
6 丼にご飯をよそい、上に5を盛ったら出来上がり。

# 〝神田淡路町 天兵〟にとって「まかない」とは何か？

父親が揚げ場に立っていた頃は何人も従業員がいました。うちには女中さんがいて、店には従業員が働いていた。自宅は店の上にありましたから、食事の時は家族も従業員もみんな一緒。いちばん多いときは10人くらい一緒に食卓を囲んでいたこともあったんじゃないかな。

まかないもうちの食事もつくっていたのはおふくろです。おふくろが毎日、おかずの材料を買いに行って、ひとりでつくっていました。きんぴらごぼう、アジの干物、くじらのベーコンなんかをよく食べていましたね。昼のまかないなんかは確か一汁一菜で、きんぴらごぼうとご飯なんてこともあった。

天ぷら屋でたくさん出るものと言ったら、揚げ玉と下《した》油《あぶら》。下油とは一度、使った油のこと。それほどいたんでるわけではないので、家庭で使うには何の問題もありません。下油でエビフライやとんかつを揚げたら、そりゃおいしい。鶏の唐揚げも新しい油で揚げたよりもおいしかった。うちのは何と言っても極上榧油だから。

揚げ玉の方は下油よりも応用が利いて、いろいろな料理になります。代表的なものが、すいとん。すいとんは小麦粉を水で練ったものに、天かすと玉ねぎのみじん切りを入れたもの。味噌汁を仕立てて、そこに入れればいいだけ。うちの名物まかないですな。

一度、友人に食べさせてみたら、「なんだ。焼売入りの味噌汁か」と言われた。安い焼売って、小麦粉と玉ねぎと豚の脂でできているでしょう。うちのすいとんは豚の脂が榧油の天かすに替わったものだから、安物焼売よりもよっぽど上等だよ。何せ車海老やキスの香りがしみ込んでいる。すいとんと言うと、貧乏くさい響きがするけれど、うちのは贅沢すいとんです。

あとは揚げ玉丼。まず、かまぼこを短冊に切る。玉ねぎでも、普通のねぎでもいいけれど、細切りにして、かまぼこと玉ねぎを天つゆを薄めた汁で煮る。そこに、揚げ玉を大さじ1杯半ほど入れて、卵でとじる。上に三つ葉を少々。家庭でやる場合は天つゆでなく、市販の麺つゆを使えばいい。大切なのは、揚げ玉を天ぷら屋さんでもらってくることかな。スーパーで売ってる袋入りの揚げ玉は煮ているうちにとけちゃう。天ぷら屋さんの揚げ玉でないと、なかなかおいしくならない。

切り干し大根にも揚げ玉を入れただけで味にコクが出るし、天かすを味噌汁に入れてもいい。鶏ひき肉と玉ねぎをみじん切りにしたものを煮て、天かすと玉子でとじる丼もある。

思えば、私は生まれて物心ついてから、ずっと揚げ玉ばっかり食べてきた。子どもの頃はもっと他のおかずを食べたいと思いましたよ。ステーキとかとんかつとか、マカロニグラタンとか、オムライスとか……。でもねえ、もう50数年もうちの揚げ玉を食べたんだから、いまはもう天かすでいいや。一生、揚げ玉を食べて、それで満足して暮らしていきます。

# おみ漬け納豆

◉瀧波（旅館／山形・赤湯温泉）

［材料1人分］

- 納豆（大粒）……1パック
- 醤油……適量
- 長ねぎ……5㎝
- おみ漬け……適量
- 切り餅……3個

［つくり方］

1 長ねぎを小口切りにする。
2 納豆を器に入れ、しっかりとかき混ぜる。
3 2にみじん切りにした長ねぎとおみ漬けを加え、軽くかき混ぜなじませる。
4 切り餅を焼き、納豆に入れてかき混ぜる。

## 餅は切り餅でOK! 納豆と漬け物がしっかりからむよう、よく混ぜよう

旅館、瀧波《たきなみ》は山形県の赤湯温泉にある。東京から山形新幹線で向かうと、福島で線路は分岐し、米沢を過ぎたら赤湯に着く。その間、2時間30分。車窓には春の桜、初夏の新緑、秋の紅葉、そして、冬の深雪と、日本の田舎の典型的な風景が広がる。

さて、旅館瀧波の名物は朝ごはんだ。それも、つきたての餅が食べ放題という独特の朝食である。戦後始まった「餅つき朝食」は餅が腹いっぱい食べられることもあって、人々の関心を集め、瀧波には全国から客がやってくるようになった。

瀧波は35室で収容は180名。従業員60人が昼夜交代で働いている。まかないは厨房でつくったものを従業員食堂で食べる。

主人の後藤新市は言う。

「味噌汁とご飯が多いかな。私が米だけでなく大根、かぶ、菜っ葉などを畑でつくっているので、それを入れた味噌汁です。そうそう、味噌汁には麸が欠かせない。好きなのは大根の葉っぱと麸の味噌汁。大根自体はお客様に召し上がっていただくので、もっぱら私たちが食べるのは葉っぱ。でも、実際は葉っぱの方がおいしい。すみません。麸はこの辺の特産で、味噌汁にたくさん入れます。実がたっぷりの味噌汁で、ご飯をお代わりするのがうちのまかないです」

もう一つ、よく食べるのが餅つき朝食で残った、つきたての餅を生かしたまかないである。それがおみ漬け納豆。おみ漬けとは高菜もしくは青菜の塩漬けに、にんじん、大根などの漬物を混ぜ込んだもの。納豆との相性も抜群だ。

瀧波
山形県南陽市赤湯3005
TEL0238-43-6111
米沢上杉藩時代の、築350年の庄屋の屋敷を移築復元した母屋をもつ赤湯温泉の旅館。

# すき焼き春巻き

◉人形町今半　本店（すき焼き／東京・人形町）

［材料4人分］

- 牛こま切れ肉……180g
- しらたき……90g
- しめじ……70g
- れんこん……70g
- ねぎみじん切り……80g
- 春巻きの皮……適量
- 溶き卵……4個分
- 割り下……適量
- 揚げ油……適量

［つくり方］

1 れんこんを1㎝角に切る。

2 具の材料を一度、割り下で煮て味をつける。火を止めてしばらく置き、粗熱が取れるのを待つ。

3 冷ましたものを春巻きの皮で巻く。

4 油で揚げる。中の具には一度火が通っているから、皮に揚げ色がつけばいい。

5 食べるときはすき焼きの要領で、溶き卵につけて食べる。

※「人形町 今半」では割り下の市販品もある。詳しくはホームページ参照。

## 揚げたすき焼きがこんなに旨いとは！卵をからめると箸がとまらなくなる

すき焼き、しゃぶしゃぶで知られる人形町今半が創業したのは明治28（1895）年。

日清戦争が終わり、近代女性作家の草分け、樋口一葉が雑誌『文学界』に「たけくらべ」を発表した年だ。明治天皇が歴代天皇として初めて牛肉を食べたのが明治5年。それから四半世紀も経たないのに、本格的なすき焼き店が誕生したことになる。

さて、人形町今半のすき焼きは他店のそれとは違うところがある。それは、ザクだ。

社長の高岡慎一郎によれば、「うちではねぎ、椎茸、春菊、焼き豆腐、麸などの一般的なザクの他に季節の野菜を加えています。春でしたら筍。夏は茄子、みょうが。秋は松茸、冬は長芋、ぎんなん……。すき焼きを召し上がっていただくと同時に季節を感じていただけたらと思っています」

同店のすき焼きは東京風のつくり方である。割り下を入れて牛肉をさっと煮る。焼き豆腐、椎茸などに味を含ませる。食べ終わった後は鍋のなかへ卵を投入し、半熟になったところで、あたたかいご飯の上にのせる。すき焼きのだしを吸い、ふんわりとした卵かけご飯だ。

人形町にある本店は110席で、1階はステーキ、鉄板焼き。2階がすき焼き、しゃぶしゃぶ。

同店の料理人は二つのセクションに分かれる。すき焼き、しゃぶしゃぶ、和食を担当するのが8人。ステーキ、鉄板焼きは数人の「焼き手」が客の前で肉を焼く。

すき焼き、和食の料理長は久保木代志男、57歳。茨城県出身の、根っからの料理人。副料理長の佐藤聖暢《としまさ》は寡黙だけれど、笑う時は徹底的な笑顔になる。

久保木は部下がつくったまかないの味を見る役で、佐藤は主にまかないメニューを考案する。佐藤が考えた料理も実際に調理するのは若手料理人だ。久保木は言う。

「私たちが若い頃はまかないが登竜門でした。つくったものをおやじさんが判定する。そうして、料理の腕を磨いていった。私は茨城の出身だったから、味つけが濃かった。『久保木、お前の味はしょっぱくて、甘い』とさんざん叱られました」

昼のまかないは午後2時30分からで、夜は午後8時頃から。全員が一緒に食べられる機会はまずない。手の空いた者から調理場で、ささっと済ます。なかには立って食べる者もいる。

久保木によれば「肉は肉を切るセクションがある。私たちがまかないで利用するのは余った端っこの肉です」とのこと。余り肉でも今半のそれは上質だ。

「けれども、毎日、肉をまかないで食べているわけじゃありません。端っこを保存しておいて、食べるのは10日に一回あるかないかといったところです」

人形町今半 本店
東京都中央区日本橋人形町2-9-12
TEL03-3666-7006
創業以来100年以上愛され続けてきた、すき焼き、しゃぶしゃぶの専門店。

さらにもうひと品

## 牛しぐれ丼

［材料4人分］

- 牛こま切れ肉……300g
- 玉ねぎ……2個
- 茄子……2個
- 割り下……適量
- 生姜(針生姜)……10g
- ねぎの青い部分……2本分
- 温泉卵……4個
- サラダ油……適量

［つくり方］

1 鍋にサラダ油をひいて牛こま切れ肉を炒める。生姜を入れ、割り下をからめて味をつける。

2 玉ねぎ、茄子は薄切りにしてフライパンで炒め、割り下で調味する。

3 丼にご飯をよそい、2をのせてから、牛肉を盛る。

4 真ん中に温泉卵を置き、ねぎを細かく切って卵の横に添える。

# 魚のだしのミネストローネ

●石葉（旅館／神奈川・湯河原）

［材料4人分］

- ●魚のあら……適量
- ●野菜（にんじん、じゃがいも、玉ねぎ、セロリなど）……適量
- ●トマトの水煮（缶詰）……800ｇ

［つくり方］

1 鍋に水を張って魚のあらを入れ、沸騰させる。

2 沸騰したら弱火にし、アクを取る。取り終えたらあらを鍋から引き上げる。

3 野菜は一口大に切って2の鍋に入れ、中火で煮る。

4 野菜に火が通ったら、一口大に切ったトマトを入れて30〜40分ほど煮れば出来上がり。

※石葉のまかないでは、写真のようにご飯を加え、西洋風のおじやにすることが多い。また、ミネストローネが残ったら、次の日はカレー粉を入れてトマトカレーにする。

## ご飯を入れれば洋風おじやに。夏はカレー粉を少し入れても……

石葉と書いて、せきよう、と読む。「いしは」ではない。

創業45年になる湯河原の高級旅館である。部屋は9室。風呂は室内と自然のなかの露天風呂。むろん、天然温泉のかけ流し。従業員は社長以下、パートも入れて25名。室料は一人3万円から5万円。湯河原の駅から車で20分ほど行った山のなかの小さな旅館である。

石葉では、午前10時のまかないは調理場の4人がそれぞれ交代で好きなものを調理する。しかし、夕方4時頃のそれは、近所の業者から弁当のおかずだけを配達してもらっている。旅館にとって夕方は一番忙しい時間だ。手の空いた者から、そそくさと食べていくしかない。

　高級旅館の場合は朝ごはんも売り物だから、料理人は年中無休で早朝から働く。料理人は様々いるけれど、旅館の板前の労働時間は、ほかに比べてもかなり長いと言えよう。

　料理長の中田貞年は言う。

「ただ、うちは僕も含めてみんな料理が好きだから、旅館では出せないような、フランス料理、イタリア料理をまかないでつくっては楽しんでます。それに、うちの旅館の従業員って、若い女性が多いんです。だから、パスタなんかはウケるんですよ」

　まかないの予算は一人当たり一食300円程度。ただし、私たちがスーパーで使う予算とは違い、業者からの仕入れ価格だから、300円もあるといろいろなものが買える。石葉の調理場がよく買っているのがシイラである。シイラはスズキ目シイラ科の大型魚で、体長2mにもなる。ハワイではマヒマヒと呼ばれる白身魚で、脂肪分が少ない。

　副料理長の加瀬康之は言う。

「シイラはバターや生クリームのような脂肪と相性がいい。今回、シイラのフライにはアメリケーヌ風のソースを合わせました。お客様に出したぼたん海老の頭と尻尾を玉ねぎ、セロリなどの香味野菜と一緒にバターで炒め、牛乳を加え煮詰めたソースです」

　石葉では野菜を多く食べるためにミネストローネもよくつくる。

　中田料理長の説明である。

「まかないは余り物を使うのが基本ですが、いかにも余り物という料理では誰も食べてくれません。余り物をいかに賢く使うかが勝負です。たとえば、ミネストローネのスープはハタの頭、骨からとったもの。身はお客様に出します。カサゴ、ハタといった底物（海底に近いところにいる）の魚はいいだしが出ます。だしをとった後、くず野菜を手当たり次第に入れて煮込む。にんじん、玉ねぎ、セロリ……。最後にトマトを加えます。それでミネストローネの出来上がり。魚のだしが入っているだけで味は全然違います」

さらに
もうひと品

## シイラのフライ、ソース・アメリケーヌ風

［材料4人分］
- シイラ……200g前後（1人50g目安）
- 薄力粉……適宜
- 溶き卵……適量
- パン粉……適量
- 揚げ油……適量

アメリケーヌソース（海老の頭と尻尾適量、玉ねぎ1/8個、セロリ10cm、バター大さじ1、牛乳700mℓ）

1 ソースをつくる。鍋にバターを入れ、玉ねぎ、セロリをみじん切りにして炒める。透き通ってきたら海老の頭や尻尾、牛乳を加えて煮詰める。

2 シイラを適当な大きさに切り、薄力粉、溶き卵、パン粉をつけ、フライにする。

石葉
神奈川県足柄下郡湯河原町宮上749
TEL0465-62-3808
緑深い湯河原の山中に佇む旅館。近隣でとれる食材の味わいを最大限に生かした料理を楽しめる。

# クスクス

◉フレンチーズ（ビストロ／東京・人形町）

［材料4人分］

- クスクス……400g
- 塩（クスクス用）……ひとつまみ
- オリーブオイル（クスクス用）……60㎖
- 仔羊肩肉……400g
- 塩、胡椒……各適量
- オリーブオイル（ソース用）……適量
- にんにく……4片
- タイム……2枝
- トマト（熟れたもの）……4個
- 野菜（茄子、かぶ、パプリカなど）……適量
- スープストック……700㎖

［つくり方］

1 鍋にクスクスと同量の湯を沸かす。沸いてきたら、ひとつまみの塩とオリーブオイルを鍋の中へ入れる。

2 いったん火を止めて、クスクスを投入。混ぜ込んだら、蓋をして7～8分、そのままにしておく。これで、クスクスは出来上がりである。

3 仔羊の肩肉を適当な大きさに切り、塩、胡椒で下味をつける。

4 フライパンにオリーブオイルをひき、3の仔羊の肉を焼く。

5 スライスしたにんにくと、粗くみじん切りにしたパプリカを炒め、タイムを4に入れる。

6 火を通した仔羊の肉を深い鍋に移し、スープストック、ざく切りにしたトマトを入れ1時間ほど煮込んだ後に、一口大に切った他の野菜を加える。

7 そのまま煮込めば出来上がり。

## 意外とカンタン。食べるときはソースをクスクスにたっぷりかけて

フレンチーズは東京・人形町にあるビストロ。2013年の3月までプチ・ニースと言ったから、そちらの方を記憶されている方の方が多いのではないか。

フレンチーズのまかないは毎日、午後4時から5時の間である。つくるのはオーナーシェフの我妻英雄ではなく、配下の二人の料理人だ。

我妻のまかない哲学は次の通り。

「手間がかからない。金がかからない。この二つです。食材費は一食当たり500円が基本」

一食当たり500円の食材費はまかないに関する限り、相当な出費と言える。私が取材した中では、200円が標準的な予算で、なかには「一人一食50円が上限」という飲食店もあった。

それにしてもフレンチーズの一食一人当たり500円というのは大盤振る舞いである。相当いいものが食べられるはず、と私の胸は期待に高鳴った。

「今日のまかないはクスクスです」

料理人の磯嵜洋介がぽつりと言った。

おお、贅沢なまかないメニューじゃないかと問うたら、「いや、実はよくつくるんです」と平静に答えた。

「興奮するほどの料理じゃありません」というニュアンスだった。

磯嵜の横にいたもう一人のシェフも続けた。

「クスクスは専用の鍋がなくても簡単につくれます。手間がかからないから、まかないには向いてるんです」

フレンチーズ
東京都中央区日本橋人形町1-9-2
冨士ビル1階
TEL03-5643-3733
前菜800円、デザート400円を中心としたアラカルト主体のビストロ。

# 鴨ねぎ味噌

◉そば切り からに（そば／大阪・福島）

［材料 8人分］

- 鴨肉（脂の部分）……30ｇ
- 長ねぎ……2本
- 味噌……100ｇ
- 生姜……少々
- 砂糖……少々
- くるみ……あれば適量
- 味醂、酒……各適量

［つくり方］

**1** 長ねぎを細かく刻んで、水気を絞っておく。

**2** 鍋に火をつけ、味噌に酒と味醂を入れてのばしてゆく。

**3** 砂糖を足す。

**4** 前もって炒めておいた鴨肉と出た脂を入れ、混ぜる。この時に刻んだくるみも投入。

**5** 最後に1の長ねぎと生姜のみじん切りを入れて混ぜ合わせる。すっかり水気がとんだら出来上がり。

## 鴨肉を炒めて味噌と合わせるだけ。そば屋の一品をわが手に

福島といっても東北の話ではない。大阪駅から環状線に乗ると、一つ隣にあるのがJR福島駅。数年前から福島エリアにはおいしいものを出す料理人の店が集まってきている。

そば切り からにの主人、橋本潔もその一人だろう。開店したのは8年前。元々は金物屋だった店舗を改装して、雰囲気のある店舗にした。

「店名は尊敬するサーファー、ハワイアンのカラニ・ロブから取りました」

この言葉からわかるように、彼はサーフィンを熱愛している。そばと同じくらいサーフィンの好きなスキンヘッドの41歳である。

メニューはそばだけだ。それも、細切り、荒挽き、おろし、辛み大根、鴨汁の5種類しかない。つまみは置いている。ビール、日本酒は選び抜いたものだけがある。

「まかないは店で一人で食べるか、時には自転車でうちに戻って、ご飯を食べることもあります。どちらにしてもそばを食べることが多いですね」

そばでなく、ご飯を食べる時の「メシのおかず」が鴨ねぎ味噌。店では、酒のつまみである。味噌をなめながら日本酒を飲む客の人気メニューだ。

「鴨肉を炒めて味噌と合わせるだけの料理だけれど、うちでは味噌を3種類合わせています。家庭でやる時は一種類でいいんじゃないかな。コツは材料をケチらないこと。味噌は一種類でいいから、おいしいものを使うこと」

そば切り からに
大阪府大阪市福島区
鷺洲2-11-26
TEL06-4796-2286
2004年開店。瑞々しい細切りのそばと、確かなつまみや酒が充実。

# ペーパーピザ

◉たこえびす（鉄板焼き／東京・恵比寿）

［材料１人分］

- 春巻きの皮……３枚
- ピザソース（ケチャップ）……30ｇ
- ピザ用チーズ……100ｇ
- 中に包む具…… 適宜（店では牛すじや、甘く煮たこんにゃくを使っている）
- サラダ油……適量
- 明太子……適宜
- にんにくチップ……適宜
- マヨネーズ……適宜

［つくり方］

**1** 蓋付きのフライパン（もしくはホットプレート）の上に多めのサラダ油をひいて春巻きの皮3枚を置き、焦げないように中火で焼く。

**2** 表面に手早くピザソースを塗ったら、具をのせる。その上に明太子、にんにくチップを置き、さらにその上にチーズを散らす。

**3** そのまま蓋をして熱し、チーズが溶けたら出来上がり。最後にマヨネーズをぴゅぴゅっとかける。

※春巻きの皮をクラストに見立てたもので、ピザとお好み焼きが合体したような出来上がり。

## 春巻きの皮、チーズ ピザソース……。 包む具は アレンジ無限大

たこえびすは恵比寿にある鉄板焼きの店。開店から23年になる。席数は50席。正社員は53歳のCEO（主人）柳瀬俊之とプレジデント（店長）の馬場誠志郎の二人だけ。あとは大学生の女子アルバイトが5人。

CEOは私の顔を見るなり、「うちはまかないを大切にしています」と言った。厨房に入り、ガスの火をつけた。鉄板が熱くなっていく。彼は手のひらをかざして温度を確かめると、「ふむ」と呟いた。

それから、卵焼きができるまで、あっという間だった。ボウルに卵三つを割り入れ、箸で溶くと、鉄板の上にボウルの中身を流した。

じゅーっという音とともに卵がみるみる焼けていく。CEOは醤油差しを手に取ると、

　固まりつつある卵の上にまっすぐ醤油で一本の線を引いた。次の瞬間、コテを起用に使い、卵を端からくるくるとまきこんでいった。卵を割ってから、21秒フラットである。

　だが、CEOは得意満面ではない。複雑な表情で、できたばかりの卵焼きを私にすすめた。

「まかない醤油オムレツです。僕はこれをおかずに白いご飯を食べるのが一番好きなんだけど……。でも、うちのアルバイトは卵焼きより、ピザとか、あんかけ炒飯が好きなんです」

「だから、うちのまかないは若い女性が好きなものばかり。揚げ物はダメ、牛丼もダメ、市販の弁当もダメ。まかないは僕がいろいろ考えたものを彼女たちが食べて、『これなら許す』と言われたものだけ。僕はアルバイトのためにまかないをつくってます」

　鉄板で焼いたペーパーピザは女子アルバイトにもっとも人気のあるメニューだ。

　用意する材料は春巻きの皮が3枚。ピザソースもしくはケチャップ。そして、ピザ用チーズだけ。トッピングは店で余った食材を利用する。女子たちが好むのは、ねぎ焼きの具に使う、牛すじとこんにゃくの煮物。やや甘めに煮てあるものだ。春巻きの皮をクラストに見立てたもので、ピザとお好み焼きが合体したような出来上がりである。食べてみると、やっぱり若者向けの味だ。なんといっても、チーズ、マヨネーズ、明太子なのだから。しかし、春巻きの皮はパリパリしていておいしい。

　中高年がトライする場合はトッピングをチーズだけにするとか、あるいは、チーズを少なめにして、大葉と梅干しを加えるとか。軽めに仕上げるといいのではないか。

　CEOは料理上の注意点を教えてくれた。

「鉄板で焼いているからおいしくなるんです。フライパンでやる場合は焦げつかないよう、火をあまり強くしないように」

たこえびす
東京都渋谷区恵比寿1-22-10
TEL 03-3447-6824
1990年オープンの鉄板焼きの店。夜のコースは3500円～。

さらにもうひと品

## あんかけ炒飯

［材料2人分］

- 溶き卵……1個分
- わけぎ……適当
- ご飯……250g
- サラダ油……適量
- 塩……適量
- チキンスープ……300mℓ
- わけぎ（あん用）……適量
- 水溶き片栗粉……30mℓ

［つくり方］

1 青ねぎはみじん切りにする。

2 フライパンにサラダ油をひき、ご飯を炒めてわけぎを加え、ご飯がほぐれたら溶き卵を入れて塩で味を調え、卵炒飯をつくる。

3 炒飯ができたら、茶わんに詰め込んで、皿の上にこんもりと山形に盛っておく。

4 あんをつくる。鍋にチキンスープを煮立たせたら、2cmくらいに切ったわけぎを投入する。

5 4に水溶き片栗粉を入れてとろみをつけたら、あんの完成。炒飯にかけて食べる。

※あんは好みで、鶏肉、海老など具材を加えてもおいしい。ただし、炒飯に具材を入れて炒めるのではなく、あんに具材を増やしていくほうがおいしく仕上がる。

# 揚げそばサラダ

◉おそばの甲賀（そば／東京・西麻布）

［材料1人分］

- そば（生）……10g
- キャベツ……10g
- クレソン……10g
- ルッコラ……10g
- 長ねぎ（せん切り）……10g
- サラダ油……適量
- ドレッシング（醤油1：酢1：胡麻油1で合わせたもの）……適量

［つくり方］

1 ドレッシングの材料をボウルに合わせておく。
2 キャベツはせん切りに、クレソンやルッコラは適当な大きさに切る。
3 そばは生のまま素揚げにする。
4 ボウルに2と3を入れて、ドレッシングをふりかけ、軽くあわせる程度に混ぜる。
5 4を器に盛り、上に長ねぎをのせて出来上がり。

## 素揚げしたそばを散らすと、和風のシーザースサラダのような味わいに

おそばの甲賀が開店したのは２００７年。主人の甲賀宏は毎朝、玄そばを石臼で挽き、粉にしたものを打つ。甲賀は独立するまで老舗のそば屋、赤坂砂場で14年間、働いた。

「修業時代、まかないをつくっていました。私が考えたうちのひとつが、揚げそばのサラダです」

そば屋では職人がそばを打つが、新そばの時期など、粉がまとまらず、短く切れてしまうことがある。職人の間ではそれを「おとす」と表現する。おとしたそばは見た目がよくないから客には出せない。

そこで、まかないに活用することになる。ゆでた後、そばつゆ、味噌汁に具として入れたり、素揚げしたものをそのままポリポリ食べたり……。質が悪いのでなく、短いだけだから、まずいものではない。しかし、いつもいつも同じように食べていると飽きてしまう。そこで、甲賀は考えた。

「サラダにしたらどうだろうか。ならば、クレソン、ルッコラ、キャベツのせん切りと使おう。クレソンのようなクセの強い野菜のほうがそばと合います。一度、つくったら仲間がおいしいと言ってくれたので、店を始めた時、メニューに載せることにしました」

揚げそばのサラダは、シーザースサラダを和風にしたものと言えよう。揚げそばを頬張るとカリカリッとする。シーザースサラダに入っているクルトンの食感とほぼ同じだ。おとしたそばを食べるのは余り物の有効利用だ。天ぷら屋が揚げ玉をまかないに使うのと同じ考え方である。

おそばの甲賀
東京都港区西麻布2-14-5
TEL03-3797-6860
西麻布の交差点近くにある小体なそばの店。せいろそば、かけそばは各700円。創作した豚ニラそば1400円、など。日本酒や酒肴も充実。

# 京味のまかない

……語り／西健一郎

## ◆ 昔のまかない

京都の料亭に修業に入った時、私は17歳でした。独立したのは29歳。すでに半世紀以上も料理の仕事をしています。

修業していた頃は、よくまかないをつくりました。

小僧だった私にとって、料理ができるのはまかないくらいのもの。出前や掃除といった仕事よりも調理場で仕事をするほうが楽しかった。

だいたい、あの頃の料理人は後輩に仕事を教えようなんて気はさらさらありませんでした。

「見て覚えろ」「技は盗め」という時代。とはいっても、なかなか味つけなどは覚えられませんでした。たとえば、先輩が仕込みをしているとします。いよいよ味をつけるぞというタイミングになったら、「お前、煙草買ってこい」とおつかいに出される。また、鍋の中がぶくぶく沸いていても、横に私がいたら絶対に味をつけようとしない。

「料理人っていうのは根性悪いな」と思ったものです。

さて、昔のまかないの代表と言えば船場汁でしょう。塩鯖、大根などが入って、味つけは塩、醤油でした。おかずはそれだけ。あとは漬物とご飯。一汁一菜が昔のまかないでした。

当時はまだ電気やガスの炊飯器はありません。薪でご飯を炊いていたから、芯が残ったり、おこげが必ずできたものです。芯が残ったご飯は雑炊にして、まかないで食べる。私が食べていたのは雑炊ばかりでした。

だから、今になってイタリア料理の店へ行ってもリゾットを注文することはまずありません。こう言うと叱られるかもしれませんが、個人的には雑炊はもう充分、食べたと思っています。

料理屋のまかないは、魚のあらやおこげのご飯といった目の前にあるものを使って料理人が工夫するのが本来です。

たとえば同じ船場汁でも、冬になったら酒粕を入れればいい。それだけで目新しくなります。料理は季節が教えてくれるものですから。ただし、昔は酒粕なんて使ったら怒られますよ。あくまで今、船場汁をつくるとしたらの話です。今ならそうしてもいい。魚のあらでも、工夫をすればいろいろな料理ができる。まかないは料理人の知恵が試される料理です。

## ◆ 今日のまかないは、若狭ぐじのすまし汁…

ぐじの頭の汁はおいしかったでしょう。材料は一塩ものの若狭のぐじだけで、昆布一枚と塩、醤油。昔、まかないをつくるとき、酒、味醂は高価だから使ってはいけないと言われましたし、だしをとって材料を煮るような料理もダメでした。

繰り返すようですが、まかないとは、余った食材をムダにせずに、仕事の合間に、手間や時間をかけずにつくる、そういうものじゃないでしょうか。

それでも、工夫すれば立派な一品ができる。かぶの葉っぱの炒め物でも、切った茎と葉っぱをざるに入れて、水気を完全に飛ばす。それだけでできあがりの味はぜんぜん違います。

魚のあら汁でも、鍋に入れる前に焼いておくだけで、身が崩れないし、汁がにごらない。そうして、つくったら、出来上がりには柚子を切って添える。心遣いがあるだけで料理はおいしくなります。

私が若かった頃は、出来上がったまかないがまずいと、誰も食べてくれませんでした。今、うちでは若いほうから数人が交代でつくっていますが、味つけがよくなかったりしたら私は残します。そこで、何がダメなのかを教える。それが勉強でしょう。努力して先輩たちに残さず食べてもらえるようなまかないをつくる。それしかありません。

人においしいと言ってもらえる料理をつくるというのは、料理人の原点なんです。まかないをおいしくつくることが出来る人は、料理人としての素質が備わっていると見ています。

うちでは弁当を取ったり、できあいのものを食べたりはしません。開店してからずっとまかないは料理人が交代でつくっています。

## ❖ まかないは、家庭料理に通ずるところがある

今の人はご夫婦ともに働いていて、それでお子さんを育てている。忙しいから晩御飯をつくる時間もそれほどはないでしょう。そんな時、まかないの中の何品かを覚えていたら、家庭料理に応用できるんじゃないでしょうか。

たとえば、かぶの葉っぱとじゃこの炒めものなんて、簡単です。時間もかからず、誰でもつくれます。魚のあら汁をつけて、焼き魚か煮魚でもあれば充分じゃないでしょうか。ただ、そんな時でも、あら汁には柚子や木の芽（香りのもの）をのせたり、いいお椀を使ったりするだけで味は違ってくる。そこは忘れないでください。

私が忘れられないと思うまかないはいくつかあるのですが、にんじんの葉っぱのおひたしはそのひとつかもしれません。正確にはまかないではなく、修業時代、仕事の終わりにお風呂屋さんへ行った後、帰りに寄った小料理屋で食べたものです。

おばさんひとりでおばんざいを出していた店で、カウンターの上の皿にいろいろなおばんざいが並んでいました。そのひとつがにんじんの葉っぱのおひたしでした。若いにんじんの葉っぱはセリのような風味で、それはおいしいものです。もし、どこかで見つけたら、葉っぱを捨てないでおひたしにしてみてください。これはおいしいですよ。

● 西 健一郎
1937年8月8日、京都生まれ。
京都の料理店を経て、
1967年10月、新橋に「京味」を開店。

# 若狭ぐじのすまし汁

[材料4人分]
- 若狭ぐじ(一塩もの)の頭……4尾分
- かぶ……2個
- 九条ねぎ(長ねぎ)……適量
- 昆布……5センチ四方を1枚
- 塩、淡口醤油……適量

[つくり方]

1 ぐじの頭を焼く。焼いておくと鍋に入れた時、身がくずれない。
2 かぶは皮を剥いて、3㎜ほどの薄切りにする。
3 鍋に水を張って昆布を入れ、煮立ったら、ぐじ、かぶを入れる。
4 アクをとり、最後に塩、淡口醤油で味を調える。
5 小口切りにした九条ねぎを入れたら火を止め、出来上がり。写真のように、柚子の皮をそえるのもいい。

# かぶの葉っぱとじゃこの炒めもの

[材料4人分]
- かぶの葉っぱ……200g(かぶ約5個分)
- ちりめんじゃこ……20g
- サラダ油……大さじ1
- 砂糖……小さじ1
- 淡口醤油……大さじ1½
- すり胡麻(荒ずり)……小さじ2
- 一味唐辛子……少々

[つくり方]

1 かぶの葉っぱを1㎝の長さに切る。
2 かぶの葉っぱの水気を完全に取る（乾かす）。
3 フライパンを熱くしてサラダ油を入れ、かぶの茎と葉、ちりめんじゃこを炒める。
4 カブの葉にサラダ油が回ったら、砂糖、淡口醤油で調味して、最後にすり胡麻を入れて混ぜる。
5 好みで一味唐辛子をふる。

※食べる時はご飯の上にのせるといい。また、日本酒の肴にもなる。

著者紹介

**野地秩嘉** Tsuneyoshi Noji

1957年東京都生まれ。早稲田大学商学部卒業後、
出版社勤務を経てノンフィクション作家に。
人物ルポルタージュをはじめ、食や美術、海外文化などの分野で活躍中。
著書に『キャンティ物語』『ビートルズを呼んだ男』『サービスの達人たち』
『企画書は1行』『なぜ、人は「餃子の王将」の行列に並ぶのか？』
『プロフェッショナルサービスマン』、最新刊『イベリコ豚を買いに』など。
『TOKYOオリンピック物語』でミズノスポーツライター賞優秀賞受賞。
『高倉健インタヴューズ』（小社刊）が5万部を超えるベストセラーとなる。

**日本一のまかないレシピ**

発行2014年4月20日　初版第1刷発行

著者　野地秩嘉
発行者　長坂嘉昭
発行所　株式会社プレジデント社
〒102-8641　東京都千代田区平河町2-16-1
平河町森タワー13階
http://www.president.co.jp/
電話　編集　03-3237-3732
販売　03-3237-3731

アートディレクション＆デザイン　山本真琴（design.m）
撮影　牧田健太郎　野地秩嘉
編集　岡本秀一
制作　関 結香　坂本優美子
印刷・製本　凸版印刷株式会社


ISBN978-4-8334-2078-5

Printed in Japan